人工智能与智能教育丛书　袁振国 / 主编

郑太年　黄　璐　胡　华　著

DATA MINING AND EDUCATION

数据挖掘与教育

教育科学出版社
· 北　京 ·

出版人 李 东
责任编辑 翁绮睿
版式设计 私书坊 沈晓萌
责任校对 白 媛
责任印制 叶小峰

图书在版编目（CIP）数据

数据挖掘与教育 / 郑太年，黄璐，胡华著. —北京：教育科学出版社，2021.11
（人工智能与智能教育丛书 / 袁振国主编）
ISBN 978-7-5191-2794-7

Ⅰ. ①数… Ⅱ. ①郑… ②黄… ③胡… Ⅲ. ①教育研究—数据采集 Ⅳ. ①G40-059.9

中国版本图书馆CIP数据核字（2021）第208427号

人工智能与智能教育丛书
数据挖掘与教育
SHUJU WAJUE YU JIAOYU

出版发行	教育科学出版社		
社　　址	北京·朝阳区安慧北里安园甲9号	邮　　编	100101
总编室电话	010-64981290	编辑部电话	010-64981252
出版部电话	010-64989487	市场部电话	010-64989009
传　　真	010-64891796	网　　址	http://www.esph.com.cn
经　　销	各地新华书店		
制　　作	北京思瑞博企业策划有限公司		
印　　刷	天津市银博印刷集团有限公司		
开　　本	720毫米×1020毫米 1/16	版　　次	2021年11月第1版
印　　张	8.5	印　　次	2021年11月第1次印刷
字　　数	74千	定　　价	52.00元

丛书序言

人类已经进入智能时代。以互联网、大数据、云计算、区块链特别是人工智能为代表的新技术、新方法，正深刻改变着人类的生产方式、通信方式、交往方式和生活方式，也深刻改变着人类的教育方式、学习方式。

人类第三次教育大变革即将到来

3000年前，学校诞生，这是人类第一次教育大变革。人类开启了有目的、有计划、有组织的文明传递历史进程，知识被有效地组织起来，文明进程大大提速。但能够接受学校教育的人数在很长时间里只占总人口数的几百分之一甚至几千分之一，古代学校教育是极为小众的精英教育。

300年前，工业革命到来。工业化生产向每个进入社会生产过程的人提出了掌握现代科学知识的要求，也为提供这种知识的教育创造了条件，这导致以班级授课制为基础的现代教育制度诞生。这是人类第二次教育大变革。班级授课制极大地提高了教育效率，使得大规模、大众化教育得以实现。但是，这种教育也让人类付出了沉重的代价，人类教育从此走上了标准化、统一化、单一化道路，答案标准、节奏统一、内容单一，极大地限制了人的个性化和自由性发展。尽管几百年来人们进行了各种努力，力图通过学分制、选修制、弹性授课制等多种方式缓解和抵消标准化班级授课制带来的弊端，但总的说来只是杯水车薪，收效甚微。

今天，网络化、数字化特别是智能化，为实现大规模个性化教育提供了可能，为人类第三次教育大变革创造了条件。

人工智能助力实现教育个性化的关键是智适应学习技术，它通过构建揭示学科知识内在关系的知识图谱，测量和诊断学习者的已有水平，跟踪学习者的学习过程，收集和分析学习者的学习数据，形成个性化的学习画像，为学习者提供个性化的学习方案，推送最合适的学习资源和学习路径。在反复测量、推送、跟踪学习、反馈的过程中，把握学习者的最近发展区①，为每个人提供最适合的学习内容和学习方式，激发学习者的学习兴趣和学习热情，使学习者获得成就感、增强自信心。

智能教育将是未来十年人工智能发展的“风口”

人工智能正在加速发展。从人工智能概念的提出，到

① 最近发展区理论是由苏联教育家维果茨基（Lev Vygotsky）提出的儿童教育发展观。他认为学生的发展有两种水平：一种是学生的现有水平，指独立活动时所能达到的解决问题的水平；另一种是学生可能的发展水平，也就是通过教学所获得的潜力。两者之间的差异就是最近发展区。教学应着眼于学生的最近发展区，为学生提供带有难度的内容，调动学生的积极性，使其发挥潜能，超越最近发展区而达到下一发展阶段的水平。

人工智能的大规模运用，花费了50年的时间。而从深蓝（Deep Blue）到阿尔法狗（AlphaGo），再到阿尔法虎（AlphaFold），人工智能实现三步跨越只用了22年时间。

1997年5月，IBM的电脑深蓝在一场著名的人机对弈中首次击败了国际象棋大师加里·卡斯帕罗夫（Garry Kasparov），证明了人工智能在某些情况下有不弱于人脑的表现。深蓝的主要工作原理是用穷举法，列举所有可能的象棋走法，并利用为加速搜索过程专门设计的“象棋芯片”，采用并行搜索策略进一步加速，在搜索广度和速度上战胜了人类。

2016年3月，谷歌机器人阿尔法狗第一次击败职业围棋高手李世石。阿尔法狗的主要工作原理是“深度学习”。深度学习（deep learning）是一种复杂的机器学习算法，它试图模仿人脑的神经网络建立一个类似的学习策略，进行多层的人工神经网络和网络参数的训练。上一层神经网络会把大量矩阵数字作为输入，通过非线性加权和激活函数运算，输出另一个数据集合，该集合作为下一层神经网络的输入，反复迭代构成一个“深度”的神经网络结构。深度学习本质上是通过大数据训练出来的智能，其最终目标是让机器能够像人一样具有分析学习能力，能够识别文字、图像和声音等数据。

2019年谷歌的阿尔法虎可以仅根据基因“代码”来预测生成蛋白质3D形状。蛋白质是生命存在的基础，和细胞组成内容息息相关。蛋白质的功能取决于它的3D结构，通过把基因序列转化为氨基酸序列，绘制出蛋白质最终的形状，是科学家一直在研究和探讨的前沿科学问题。一旦研究得出结果，将帮助我们解开生命的奥秘。阿尔法虎的工作原理是使用数千个已知的蛋白质来训练一个深度神经网络，利用该神经网络来预测未知蛋白质结构的一些关键参数，如氨基酸对之间的距离、连接这些氨基酸的化学键及它们之间的角度等，从而发现蛋白质的 3D 结构。

深蓝是经典人工智能的一次巅峰表演，通过算法与硬件的最佳结合，将传统人工智能方法发挥到极致；阿尔法狗是新兴的深度学习技术最具成就的一次展示，是人工智能技术的一次质的飞跃；阿尔法虎则是新兴深度学习技术在应用上的一次突破，超乎想象地完成了人难以完成的蛋白质结构学习这个生命科学领域的前沿问题。从深蓝到阿尔法狗用了近 20 年时间，从阿尔法狗到阿尔法虎只用了 3 年时间。人工智能技术更新迭代的速度越来越快，人工智能应用场景也从棋类等高级智力游戏向生物医学等科学前沿转变，这将从方方面面影响甚至改变人类生活。随着人工智能从感知智能向认知智能发展，从数据驱动向知识与数据联合驱动跃进，人工智能的可信度、可解释性不断提高，应用的广度和深度无疑将会得到难以想象的拓展。

教育是人工智能应用的最重要和最激动人心的场景之一，正在成为人工智能的下一个“风口”。国家主席习近平向 2019 年在北京召开的国际人工智能与教育大会所致贺信中指出：“中国高度重视人工智能对教育的深刻影响，积极推动人工智能和教育深度融合，促进教育变革创新，充分发挥人工智能优势，加快发展伴随每个人一生的教育、平等面向每个人的教育、适合每个人的教育、更加开放灵活的教育。”同年10月，中国共产党第十九届四中全会通过了《中共中央关于坚持和完善中国特色社会主义制度推进国家治理体系和治理能力现代化若干重大问题的决定》，明确提出在构建服务全民终身学习的教育体系中，应发挥网络教育和人工智能优势，创新教育和学习方式，加快发展面向每个人、适合每个人、更加开放灵活的教育体系。把握历史机遇，抢占人工智能高地，引领人类第三次教育变革，时不我待。

智能教育前景无限、任重道远

人工智能在教育场景的应用，与工业、金融、通信、交通等场景不同，与医疗、司法、娱乐等场景也有显著的不同，它作用的对象是人，是人的思想、感情、人格，因而不仅仅要提高效率、赋能教育，更要关注教育的特殊性，重塑教育。但到目前为止，人工智能在教育中的运用尚停留于教育的传统场景，是以技术为中心，是对现有教育效能的强化，对现有教育效率的提高。至于现有教育效能是否需要强化，现有教育效率是否需要提高，尚缺乏思考，更缺少技术应对。我把目前这种状态称为“人工智能+教育”。而我们更需要的是基于促进人的发展的需要的智能教育，是以人的发展为中心，以遵循教育规律为旨归，它不仅赋能教育，更是重塑教育，是创设新的教育场景，促进教育的变革，促进人的自由的、自主的、有个性的发展，我把它称为“教育+人工智能”。

智适应学习的研究和运用目前也尚处于知识教学的层面，与全面育人的理念和教育功能相差甚远。从知识学习拓展到能力养成、情感价值熏陶，是更大的目标和更大的挑战。研发 3D 智适应学习系统，即通过知识图谱、认知图谱、情感图谱的整体开发，实现知识、能力、情感态度教育的一体化，提供有温度的智能教育个性化学习服务。促进学习者快学、乐学、会学，促进学习者成长、成功、成才，是“教育 + 人工智能”的出发点，也是华东师范大学上海智能教育研究院的追求目标。

培养智能素养，实现人机协同

人工智能不仅正进入各行各业，深刻改变所有行业的面貌，而且影响到我们每个人的生活；不仅为智能教育的发展创造了条件，也提出了提高教师运用智能教育技术改进教学方式的能力的要求，提出了提高全民智能素养的要求。关键的一点是学会人机协同。在智能时代，能否人机互动、人机协同，直接关系到一个人的工作效能，关系到学生学习、教师教学的效能和价值，也关系到每个人的生活能力和生活质量。对全体国民来说，提高智能素养，了解人工智能的基本原理、功能和产品使用，就如同工业革命到来以后，了解现代科学的知识一样，已成为每个公民的必备能力和基本素养。为此，我们组织编写了这套“人工智能与智能教育丛书”。

本丛书聚焦人工智能关键技术和方法，及其在教育场景应用的潜在机会与挑战，提出智能教育的未来发展路径。

为了编写这套丛书，我们组建了多学科交叉的研究团队，吸纳了计算机科学、软件工程、数据科学、心理科学、脑科学与教育科学学者共同参与和紧密结合，以人工智能关键技术为牵引，以教育场景应用为落脚点，力图系统解读人工智能关键技术的发展历史、理论基础、技术进展、伦理道德、运用场景等，分析在教育场景中的应用形式和价值。

本丛书定位于高水平科学普及，人人需看；秉持基础性、可靠性、生动性，从读者立场出发，理论联系实际，技术结合场景，力图通俗易懂、生动活泼，通过故事、案例的讲述，深入浅出、图文并茂地讲清原理、技术、应用和前景，希望人人爱看。

组织和参与这样一个跨越多学科的工程，对我们来说还是第一次尝试，由于经验和能力有限，从丛书整体策划到每一分册的写作，一定都存在许多不足甚至错误，诚恳希望读者、专家提出批评和改进建议。我们将不断更新迭代，使之不断完善。

华东师范大学上海智能教育研究院院长　袁振国

2021年5月

引　言

万物皆数据，众人皆数据挖掘者。

2019年的一天下午，我去上海气象博物馆参加一个研讨活动。我按照百度地图的出行建议，坐地铁11号线前往，走出徐家汇地铁站1号口的时候，时间已经有点紧张了。气象博物馆隔壁的徐家汇天主堂的尖顶就在车流滚滚的马路对面，直线距离只有几百米。百度地图告诉我，绕到路口过去有1.5公里，步行需要20分钟，骑自行车过去需要7分钟。共享单车APP显示附近30米有多辆单车。我愉快地决定骑车过去，正好卡点到达，完美！

过了两天，我收到手机短信，告知我因骑车逆行违反交通安全法规，罚款50元。我打开交通管理的APP，看到了我骑车逆行的图像，一边抱怨说那个路段根本没法不逆行，一边很快用支付宝缴了罚款，完成。

这就是我们今天的世界和我们今天的生活。就说“衣食住行”中的“行”吧，我们获取各种交通信息、选择交通方案、购票或者预订车辆，在行程中了解实时的交通状况。导航告诉我们预计抵达目的地的时间，甚至会告诉我们拥堵的路段接下来会不会畅通，或告诉我们在未来的某一时间出行会用多长时间。每当此时，我都忍不住说：“好体贴啊！”类似我被罚款的经历可就不那么让人愉快了，不过我还是感慨：“好神奇啊！”仿佛有个神人在乱军丛中把我揪出来，说出我的名字，报出我的身份证号，还拿着照片，铁证如山，训斥我违规了，让我乖乖缴罚款。好在缴款也方便，手指点点就搞定。至于银行怎么从亿万账户中找到我的账户，和支付宝对接，又如何把这笔钱划入交通管理部门的账户里，不用我们考虑，一切似乎是自动完成的。

这一切当然不是自动完成的，而是依赖庞大的数据库、各种挖掘和分析数据的技术和工具、传输数据的网络以及各种有形的和无形的系统。当手机中的导航告诉我到达目的地的预计时间、拥堵路段可能不久会畅通、我过半小时再出发会用多长时间的时候，需要的是详细地图、关于道路交通的动态数据和历史数据，系统将这些数据综合起来，分析和预测你这个特定客户当前或者未来的特定行程所需的时间。类似地，要识别一张图片中的人脸是不是一个特定的人，就要将数亿张脸的图片数据和数亿人的个人信息加以匹配；通知到受罚者并让其缴纳罚款，就要将前面的匹配结果和手机号、受罚者的交通管理 APP 账户以及银行账户关联。我轻点手机完成缴纳 50 元罚款的时候忍不住想，为了罚我这 50 元，交通管理系统也是不容易啊！

似乎这一切都是自动完成的——从提供交通信息和导航，到识别和处理交通违法行为。不唯如此，根据动态的交通流量数据确定单行道的安排、潮汐车道及红绿灯的时长等，都是数据挖掘的典型应用。数据挖掘更前沿也更复杂的应用是无人驾驶汽车，从技术水平上看，无人驾驶已经发展到超越常人的驾驶水平。2019年，百度的自动驾驶出租车队Robotaxi试运营正式开启。无人驾驶汽车已经获得了美国加利福尼亚州立法批准，谷歌可能会用无人驾驶汽车来接送公司员工上下班。无人驾驶汽车离不开对于交通数据的充分挖掘、分析、应用。

仅仅是从交通这一个小领域中，就可以看到数据应用的威力。在商业、金融、医疗、社会管理、司法等各个领域，我们都能够感受到这种威力。今天，你在购书网站上搜索一本书，网站推送给你的相关信息往往非常有用，给你推荐的书有时比你想象的还要精准，比你自己想买的书更适合你的需要。以至于我在学生选定研究主题的时候会建议他们先从网上找出一两本相关的著作，然后看网站给的推荐。在其他购物网站上也是如此，今天的人们购物已经不仅仅是货比三家了，购物网站可以帮你货比千万家并做出判断和推荐。对于商业平台来说，它们需要挖掘各种数据，做出更加合理有效的推荐；对于卖家和商家来说，他们同样需要基于各种数据来判断用户的需求及变化，在设计、生产和销售方面做出更好的安排。

不得不感慨，我们生活的世界已经和数据密不可分！可以说：行动所及之处，数据相随；目光所及之处，数据充盈。每时每刻，我们都在生产数据；每时每刻，我们也都在利用数据。几乎可以说“普天之下，莫非数据”。毕达哥拉斯说："万物皆数。"今天我们可以说："万物皆数据。"

无论是产品和服务的提供者，还是生产和服务的消费者，无论是作为一个职业人，还是作为一个社会人、生活中的人，我们都基于丰富数据进行分析、预测和决策，我们都是某种程度上的数据挖掘者——当然，我们的数据也被挖掘，比如我骑车逆行的数据被挖出来。正是从这一点出发，我们首先将数据挖掘作为一种思维方式，支持我们对诸事做出更明智的判断，做出更好的行动选择。然后，我们才将数据挖掘作为一系列的技术和工具，了解和掌握更多更好的技术和工具，能有助于我们更精准、更可靠地判断和选择。

数据挖掘本身并不神秘，无非是找出相关的数据，从中探寻事物内在的规律。数据挖掘这件事，可以说是古已有之，比如诸葛亮根据自己观察到的气象数据预测并借到了东风。只是到了最近几十年，数据挖掘的重要性才被大家充分挖掘出来，数据挖掘技术应用更是到了最近几年才有实质性的突破。这依靠的是其他几个相互交织的方面的突破：一是大数据获取路径的突破，全样本的数据和自然产生的数据取代了抽样的数据；二是数据储存能力和计算机运算能力的提升，使得原本只是理论上可行的数据储存与处理成为现实；三是人工智能的发展，使得自动化的数据分析与处理成为现实。在摩尔定律的支配下，在市场与金融力量的推动下，包括这些方面在内的信息科技高歌猛进，也推动着整个社会的方方面面不断地发展与变革。在这个飚进的图景中，数据挖掘是极其重要的一环。

不过，数据挖掘这件事情要在无穷大的规模上、无限复杂的现实中达到无比精确，看似是量变引发质变，其实是无数层级的质变。你根据一个人的长相从几个人中认出他来，这没有什么困难，但是你要从亿万人中精确地将面孔和他们的名字匹配起来——我被摄像头拍到骑车逆行并被识别出来的例子本质就是这样，其难度就可想而知了。

本书所要呈现和传达的，是数据挖掘的思维模式、技术工具和场景应用。核心的话题是，面对一个问题，我们如何通过某种思维的操作，将其转化为一个借助数据挖掘、分析而得到解答的问题，又如何通过技术工具的选择使得解答更趋合理和精准？或者是，面对一大堆数据，我们如何通过某种处理，从中发现点什么？在纵向的历史维度上，本书将探索数据挖掘作为一种思维方式的前世和今生，特别是“今生”中（直到 1989 年人们才正式采用“数据挖掘”这个概念）的若干推动因素如何使得数据挖掘挖出了这么多“金矿”。在横向的场景应用维度上，本书将在技术工具与应用场景的矩阵图中，展现不同的技术工具如何用于不同场景中的不同问题分析。

在数据挖掘的众多应用场景中，教育领域很可能是应用前景最广阔的领域：不仅全体人口中有约四分之一是教育人口（学校体系中的教师和学生），而且全体人都在某种程度上不得不成为终身学习者，Learn or die（不学而殆）似乎是我们的时代命运。但是，最富有时代气息的信息科技对于教育的改变才刚刚开始，其潜能刚刚通过小范围的创新探索得以展现。无论是在国家或者区域层面上、在教育机构层面上，还是在课堂教学层面上，直至在个人学习的层面上，数据挖掘都可以给教育决策和行动提供更可靠的依据。比如，我们要实现教育公平，数据挖掘可以让我们知道哪些地区、哪些群体正处于不公平的境地，帮助我们更好地理解影响公平的关键因素，从而使政策实施更为精准；我们要提高学生的学业成绩，数据挖掘可以让我们知悉每个学生多个方面的状态和需求，并提供更具针对性的个性化教育方案，从而实现大范围的因材施教，助力学生的学习；我们可以通过数据挖掘选择最好的教师，确定适合不同场景的最佳教学模式，监测学生在学习过程中的动态表现，设计最适切的学习环境；等等。

对于数据挖掘而言，越有效地挖掘数据，就能越好地预测未来。作为一本普及性的读物，本书要做的，就是让读者更多地了解数据挖掘，更深地理解数据挖掘与它将引起的教育变革，从而更好地创造未来。

目　录

一 数据挖掘的前世与今生

数据获取与应用的早期探索

历史长河中的智慧之光与数据之困

在《三国演义》中，诸葛亮的神机妙算可谓出神入化，最广为传颂的是赤壁之战中他算出了大雾而草船借箭，又借了东风使火攻得手。不过，在上方谷之战中，诸葛亮没有算出会有大雨浇灭大火，使得司马懿父子困境逃生。诸葛亮只能叹息，说："谋事在人，成事在天！"而后在五丈原之战中，司马懿问诸葛亮派来激将出战的使者："孔明寝食及事之烦简若何？"使者说："丞相夙兴夜寐，罚二十以上皆亲览焉。所啖之食，日不过数升。"司马懿判断："孔明食少事烦，其能久乎？"诸葛亮也根据使者对于司马懿之言的转述，叹曰："彼深知我也！"诸葛亮不久果然命殒五丈原。他去世前几天还仰观天文，算出来"吾命在旦夕矣！"。

司马懿及时挖掘了关于诸葛亮的有效数据——吃得少、干得多，预测其难以长久，所以据守不出。诸葛亮则成也数据——借箭借东风，败也数据——没预测出大雨。依当时挖掘和利用数据的技术水平看，《三国演义》中的诸葛亮已经是个神人了，他的众多胜利都得益于他上知天文下知地理，战时又大多能知己知彼。用数据科学的话说，他能有效进行数据挖掘，做出判断和预测。

战争最能激发人类潜能，这是非常不幸的，却是事实，这可能是由战争的高利害特征决定的。对于数据挖掘和利用也是如此。美国南北战争时期的南方主将罗伯特·爱德华·李（Robert Edward Lee）是著名的军事家，在美墨战争和南北战争中曾经多次以少胜多。他取得赫赫战功的一大法宝就是对于各个方面数据的详尽精准搜索。在美墨战争中，他常常通过个人的侦搜找到墨军认为无法穿越而未加防守的进攻路线。但是，对于更大范围的数据——南北方政治和经济力量的对比——他似乎没有很好地把握，这致使其选错了边，而成为败军之将。

数据的挖掘和利用甚至能决定国家治理的效率，进而影响国运兴衰。黄仁宇在谈及明朝的治理时写道：

从现代的眼光看来，虽说税率增高，但一般所抽仍低，情形也每州各县不同。因为税率是水平地施行于全体纳税人，及于每家仅有3亩或5亩极为单薄之下户，其税收极容易达到饱和点，亦即逾此一步，纳税人已无力负担。将下户免税或以累进税制增额于大地主的办法迄未曾提及，大概交通、通信困难，民智未开，无法在乡村之中确切地监视，即使用简单的现制执行，各地方政府已感到棘手，再要将税收的程序繁复化，恐怕技术上的困难足以使整个制度解体。（黄仁宇，1997：203）

明代面临的这种税收上的两难——统一税赋收税有限而又致穷人受苦，累进税制缺乏数据收集条件及相应执行机制——长期以来没有很好地解决。明末，当国家的东北和西北面临战事之时，国家的财政资源“大致在南方，无从有效动员利用，去支持这两面的战争”。

这种数字化管理的挑战在国家治理的历史上长期存在。汉武帝时期对外用兵频仍，加之大规模移民实边，耗费甚多，而当时国内的繁荣并未受影响，其中就有有效征税收款的贡献。很多办法在这一过程中有效运作，包括直接向各个农户征税。这一税种基础极为广泛又非常脆弱，加上税吏等公职人员还有替公家经商牟利之责，又有假公济私之隐忧，而这一征税办法当时即使在农村亦较能有条理地执行，多赖当时官员对于农业、商业等的收入及其他可税事项（如舟车许可证、盐铁酒专卖）等的数据有确切的掌握，对于征税筹款过程也有很好的监控。早在战国时代，魏国的李悝对于农户之常规收入及支出细目即有精细的计量，并据此提出政府如何在市场盈余时收购、在供应不足时抛售粮食（黄仁宇，1997：47-49），现代的储备粮制度大抵仍是如此。而到了东汉豪强兼并之时，就出现税收困顿的局面，即数字化管理上的困难——从因兼并而富强者那里难以通过累进税制得到更多税收。

在唐朝，数字化管理的挑战又一次出现。初唐时期，耕地归于国有，国家采取均田制，凡成年男子给田100亩，其中80亩在年老时退还政府，20亩可由家人继承。与此同时，实行整齐划一的税收制度，并每三年编造一次户籍。所以，在最初的100年里国库充实，人户增长。而随着经济的增长及变动、人口的增长，经济数据与户籍数据超过了国家可能统计的限度，再重新登记人口、补充各种税种、修缮税制，也难以完全奏效，加之其他种种原因，国势国运终在安史之乱后转而下行。

在漫长的历史长河中，无论是军事统帅，还是政府高官，都只能借助自己的智慧之光捕捉有限的数据并基于此做出决策。当所需数据的复杂性超越人之智慧和精力所及之时，数据之困也就演化为决策之难。而在今天，对于无论是天气变化、战场的地理状况，还是人口和财富的分布及流动，在现代科技的支持下，我们都可以依靠充分的数据和信息，做出更好的判断、预测和行动选择。

工业时代的数据威力

工业时代以来，数学和统计学不断发展并且在各个领域得到广泛应用。印度裔美籍统计学家C.R.劳（C.R. Rao）说："所有的科学，在抽象的意义上，都是数学；所有的判断，在理性的基础上，都是统计学。”（涂子沛，2014：81）同时，数字化管理的技术和水平大大提高，人类利用数据进行预测和决策的能力大大增强。其中，采集数据的主要方式是依据某种特定的需要，进行普查或者抽样调查。

普查和抽样调查是国家治理中获取数据的常用方法。比如在我国，人口普查、经济普查及抽样调查为我们提供了社会经济的基本数据，各种专项及综合的统计年鉴让我们更加全面深入地了解各个领域的发展。在每一年、每一季度、每一个月，甚至更短的时间周期内，都有各种各样的普查和抽样调查数据涌现出来。无论是政府，还是机构和个人，都可以依据这些数据对于某个领域的发展状况进行判断，对于未来做出预测，并基于此做出相应的决策。比如，我国曾经基于人口和社会经济发展的数据，做出计划生育的决策，并从 20 世纪 80 年代以来将其作为基本国策，严格执行。但是到了 21 世纪 10 年代以后，随着人口结构的变化和老龄化趋势的显现，开放生育的呼声越来越高，国家也对于生育政策做出相应的调整。再如，在金融市场上，分析师根据各种数据来判断当下和未来的投资机会，对于股票等金融产品的买进卖出给出建议。我们判断自己的身体状况，也是基于现代医学给出的各种参考指标和各种检查数据，而不再主要根据自身的感觉，或者传统的“望闻问切”（当然，那也是一种获取数据的途径，但诊疗更依赖医生的主观经验和判断，而不是依据现代医学中的“客观”指标）。

在政治、新闻、商业和社会研究中，抽样调查是最常用的获取数据的方法之一。在选举中，民意调查非常普遍，新闻媒体乐此不疲，还有一些专门的调查公司深谙此道。当然，候选人也可以根据调查结果做出竞选策略的调整。1936年的美国总统大选前，盖洛普（George Gallup）刚刚牵头成立的美国舆论研究所仅仅对5000人进行了抽样问卷调查，就预测罗斯福（Franklin D. Roosevelt）当选，而此前连续4次准确预测总统选举结果的《文学文摘》对240万人进行了调查，却预测错误。借着抽样调查的威力，盖洛普进军商业领域并取得了巨大的成功。同在1936年，米切尔（Margaret Mitchell）以南北战争为背景的小说《飘》（《乱世佳人》）问世并迅速流行开来，好莱坞在考虑拍摄电影时，到盖洛普的公司请求调查有多少人读过这本书。1937年1月盖洛普调查结果出炉，说共有1400万人读过，判断这本小说是美国有史以来最流行的小说。之后，在拍摄电影过程中，不同方面的参与者对于电影时长、是否分集、黑白还是彩色、主演人选等问题发生争执，盖洛普的公司调查后建议：238分钟、上下两集、彩色、费雯·丽（Vivien Leigh）主演。盖洛普公司还提出了广告设计及市场推广建议，并预测会有5650万名观众观看电影。这些建议几乎被全部采纳并产生了预期的结果（涂子沛，2014：178-185）。直至今日，盖洛普公司仍是世界上最有影响力的调查公司之一。

在现代科学研究和知识工作中，数据的应用、数学和统计学的方法几乎主导着自然和社会科学的所有学术领域。著名数学家、数学教育家、数学史家克莱因（Morris

Kline）说，我们是“生活在一个主要应归功于数学才成就斐然的欣欣向荣的文明之中的人”，他在《西方文化中的数学》中写道：

人们对数学有各种不同的描述：数学是一个知识体系，一种实际工具，哲学的一块基石，完美的逻辑方法，理解自然的钥匙，真实的自然，一种智力游戏，理性的冒险，美感的经验。……当我们考察受数学影响的领域，以及数学为我们在这些领域中提供的部分或全部的方法时，我们会情不自禁地称数学为一种通向物质、思维和情感世界的方法。（克莱因，2004：469-470）

他认为，在西方文明中，数学一直是一种重要的文化力量。数学与哲学、科学、艺术等领域具有深层的联系，并深刻地影响了它们的发展。就连文学这种在笔者的认知中不拘一格的领域，也曾被数学思维所驯服。对此，克莱因写道：

就像20世纪美国的商人由于商业上的成功而成为时代的权威一样，17、18世纪的数学家也由于成功地揭示和阐明了自然界的秩序，而成为当时文学的仲裁者，从语言、语法形式、语言风格一直到文学内容。当时，最杰出的大文豪也认为自己的作品与数学、科学著作比较起来相形见绌，并且认为只有以这些著作为榜样，诗歌和散文才有可能提高。（克莱因，2004：271-272）

经济研究的发展也是一个很典型的例子。讲到经济，我们会很自然地想到数据的利用、数学和统计学等分析工具的应用，但这其实是相对较晚的事情。在很长的时间内，经济研究者主要基于对于现实经济状况的主观感受、有限的数据和理论分析，来提出自己的观点。比如，我们所熟悉的古典经济学家亚当·斯密（Adam Smith），他写的《国富论》就没有太多的数据和数学公式，马克思的《资本论》也是如此。而今天的经济学研究成果中有很大一部分是计量经济分析，数量繁多的复杂公式让很多人望而生畏，以致一些人觉得数学家获得诺贝尔奖的方法就是通过经济学研究。和 C.R. 劳的观点相似，著名的经济学家约瑟夫·熊彼特（Joseph Schumpeter）也认为，一门学科只有成功地运用了数学才能称得上是一门科学。基于数据、注重数学分析的范式还被用于研究人类行为和社会问题的方方面面，被很多社会科学领域的研究者所借用，一些学者不无担忧地将这种现象称为“经济学帝国主义”。

研究者们对于经济和社会问题研究方式的转变，也代表了一种思维方式的转变。数据的收集和应用，代表了一种更为精确地了解现实的方式。随着基础教育的普及和高等教育的大众化，我们有理由相信，这种重视数据的态度和思维方式已经开始并将逐步渗透到普通民众之中。

相比之下，在教育体系中，对于数据的挖掘和利用可以说相当迟滞。教育体系整体上还是遵循传统的组织和运作方式。即便在信息科技如此发达的时代，教师讲授和学生练习的模式仍然大行其道。2020 年经济合作与发展组织

（OECD）关于课堂视频的研究也发现，集体教学仍然是大部分国家和地区的主流教学模式，学生在数学课堂上仍然通过重复练习发展和熟练数学技能（OECD，2020）。不过，无论如何，信息科技对于教育的影响在快速增强，本书将在第三章中加以分析。

数据挖掘的崛起与飚进——大数据时代的技术神话

共享单车上的数据奥秘

每次去教学楼上课，我总能看到教学楼前密密匝匝的共享单车，五颜六色，十分绚丽醒目。共享单车刚刚出现的时候，它在很多城市都可以说是一道靓丽的风景线，改变了过去自行车的破旧凌乱的形象。共享单车的出现和普及，很大程度上是充分挖掘和利用数据的结果。共享单车的运营，要用到关于车辆位置和车辆状况、用户开锁关锁时间和骑行距离、用户个人支付等方面的信息。共享单车公司要利用共享单车位置与使用的实时数据和对于需求的预测（特别是上下班高峰期间的车辆需求）决定车辆的调配，并及时找到有故障的车辆加以维修。而数据的挖掘和利用，也在很大程度上决定了公司经营的水平和结果。共享单车出现以来的短短几年里，不同的运营公司沉沉浮浮。笔者在最初使用共享单车的时期，就感受到不同品牌在利用数据和运营能力上的不同，果然那些用户体验差的品牌最先倒下。我不禁想，这正是用户个人基于使用体验的数据做出的合理预测。

共享单车之于数据挖掘的故事远不限于此。前几天一次偶然的“道听途说”回答了我关于共享单车的疑惑——共享单车怎么赚钱？这也让我更进一步感受到数据挖掘的力量。那天，我路过教学楼前，看到五颜六色的单车拥挤不堪，几个工作人员正在把某一种颜色的单车搬上小卡车，准备拉走。一个工友站在旁边和他们聊天，问他们：这么多车经常停着不用，管理又这么麻烦，公司能赚到钱吗？搬单车的工作人员告诉他，经营共享单车不靠这个赚钱，公司可以从中获取大量的数据，数据可以用来赚钱。当时我感觉真是脑洞大开！是啊，看起来是经营共享单车的公司，可是人家本质上经营的是数据，共享单车只是采集数据的手段。我赶紧搜索学习了一下共享单车的数据可以用来干什么，它的用途真是多极了！从政府治理角度看，它可以发掘出与交通出行相关的信息，可以判断某个区域的商业化程度，甚至有人建议以此分析用户的信用状况，从而为有效的社会治理提供基础信息。比如，某条线路上使用共享单车的人非常密集，又很规律，这提示相关部门可能需要拓宽道路、安排更多公共交通工具、更好地支持某个商圈的发展等。从商业角度看，以此为基础判断某个区域的商业化程度，可以有助于做出投资决策。有一项研究绘制了某城市的骑行始终点分布图、骑行高频始点分布图和高频终点分布图、骑行路径及区域分布图等，发现用户骑行的主要目的地是生活休闲、购物、餐饮商业区。这可以为潜在的投资者提供比直觉判断更为精确的信息。用轨迹数据和位置数据可以分析出用户的住址、工作地，大致推断其收入，用餐饮和购物的数据可以推断用户的消费水平和消费习惯。共享单车的数据加上汽车的数据，还可以用于监测即时的道路交通状况。从商业角度看，共享单车上还可以投放广告，特别是结合骑行者的个人信息数据推送相关联的广告。一辆辆看似不起眼的共享单车上，蕴藏着这么多的数据！

数据暴增和数据挖掘的惊人进展

我们正处于一个数据暴增的时代。分析一下今天的日常生活，就知道在这样一个智能产品无所不在的时代，我们见证的和留下的数据是多么地惊人！在工作中，我们处理工作任务、浏览网站、查阅文献、阅读资料、与人在线交流等，自然会用到各种数据、信息和工具，同时也留下数据：我们在各个时间点上看了什么、做了什么、说了什么，理论上都有（数）据可查。在社会生活中也是如此。想想遍布各个角落的摄像头，它们在不停地录制和存储，采集关于交通和治安等方面的数据。就像我在引言中说的，我骑车违章被拍，有图有真相，乖乖缴了罚款，可见交通执法真是“天网恢恢，疏而不漏”。再想想我们购物时，会留下地址、支付账号等信息，不仅如此，在下单前后，我们还会浏览大量的信息、比较商品、评价、要求售后服务，看似飞鸿踏雪，也会轻轻留痕。在年终感慨不知道钱都花到哪去的时候，你可以查查银行账户、购物网站的流水账，看看自己是如何花钱如流水的。

今天，我们每个人都成了数据的生产者，数据井喷也就丝毫不足为奇了。根据全球数据中心的预测，全球数据总量将从2016年的16.1ZB（1ZB ≈ 10^{12} GB）增长到2025年的163ZB，10年间预计增长10倍。①如此海量的数据仍然在以几何速度增长着。一直以来，我们都要工作、要生活，但是在信息科技不那么发达的时代，没有足够的技术手段将这些信息精细化并且记录下来。实际上，也只是到了最近几年，随着大数据和人工智能的兴起，加上信息获取、储存、传输和计算能力的不断升级，这些要素相互支持、协同推进，才形成了今天这种一日千里、蓬勃发展的局面。

数据挖掘是从大型数据库中发现有用信息的过程——仅仅有了大数据还不够，关键是从中获取有用的信息。在人工智能迅猛发展的背景下，数据挖掘又进一步强调利用智能技术自动发现大数据中的有用信息。数据挖掘被认为是数据库中知识发现（knowledge discovery in database, KDD）的关键环节。KDD包括输入数据、数据预处理、数据挖掘、后处理和输出信息的过程。数据挖掘的起源可以追溯到20世纪80年代末，KDD研究者借鉴统计学方法以及来自人工智能、模式识别和机器学习的搜索算法、建模技术和学习理论等，探索如何从大型数据库中发现信息，并用其解决多个领域中的问题（陈封能 等，2019：2–5）。

在数据挖掘的发展进程中，大数据的兴起是重要的推

① 资料来源：https://www.chyxx.com/industry/201806/653017.html.

动力。20 世纪 80 年代，美国就有人提出“大数据”的概念，以此强调数据的重要性。随着 21 世纪初脸谱（Facebook）、推特（Twitter）等社交媒体的出现，数据开始爆炸式增长，“大数据”的提法获得更多关注，并开始被用来强调数据的规模之大，而与此同时，数据的价值之大也进一步凸显。涂子沛归纳了大数据的三大成因：人类保存数据的能力增强（遵循摩尔定律）、人类生产数据的能力增强（社交媒体的推动）、人类使用数据的能力增强（数据挖掘的推动）。这三个因素和数据量的增大是相互促进的。与数据之大同步，通过特定算法对于大量的数据进行分析的数据挖掘也有了巨大的进步，从而将数据的容量之大转换为价值之大。（涂子沛，2014：257-300）数据挖掘一方面通过对于大数据的分析，发现事物的规律和各种隐藏的关系；另一方面对于未来进行预测，使大数据的价值得到彰显，并在多个领域得到了广泛的应用。

数据挖掘的场景应用

数据挖掘助力商业拓展

在数据挖掘方面，商业界是最有动力、最有需求的，对于数据的有效利用能给企业带来巨大的商业利益。同时商业界也有着独特的条件，企业有较为独立灵活的决策机制，有较为有效的人力和财力组织手段，因而成为数据挖掘的积极行动者。

案例一：沃尔玛的零售帝国

沃尔玛是最早应用数据挖掘技术的企业之一。作为世界上著名的零售连锁企业巨头，沃尔玛也拥有容量巨大的数据仓库，并利用这些数据分析顾客在其门店的购物习惯，比如对于顾客的购物篮进行分析，看看顾客经常一起购买的商品有哪些，一个意外的发现就是“跟尿布一起购买最多的商品竟是啤酒！”。跟踪调查发现，年轻的爸爸在去超市购买婴儿尿布的时候，经常购买啤酒犒劳自己。门店将二者摆放在一起或者捆绑销售，大大提升了销量，这就是人们津津乐道的“啤酒和尿布”的故事。再比如说，沃尔玛还发现，在飓风来临之前，一种袋装小食品“Pop-Tarts”的销售量会显著上升，分析者认为这主要是因为它在停电时吃起来很方便。因此，在飓风来临之前，门店会提高这种食品的仓储量，并把它和其他飓风期间常用物品放在同一货架上或者捆绑销售（涂子沛，2015：97-98）。实际上，沃尔玛利用大数据颠覆了零售业，它收购了Inkiru公司以提升其大数据性能，其大数据生态系统每天处理TB级的新数据和PB级的历史数据，分析涵盖数以百万计的产品数据和数亿客户的数据。沃尔玛的分析系统每天分析接近1亿个关键词，从而优化每个关键词的对应搜索结果。沃尔玛利用数据挖掘技术开发了一款应用程序，只要周边竞争对手降低了客户已经购买的产品的价格，该应用程序就会提醒客户，向客户发送一个礼券补偿差价。沃尔玛还通过追踪用户购买行为和社交媒体数据发现客户的消费习惯和水平，及时推荐商品，量身定制广告。沃尔玛宣称："我们渴望洞见世界上每一个产品，我们渴望了解世界上每一个人。我们希望能够通过交易将产品与用户连接。"由此可见其通过数据挖掘提供更好的零售服务、不断提升顾客满意度的决心。（36 大数据，2016）

不唯沃尔玛，我们熟悉的很多著名商业机构在数据挖掘上都有其独到的一面。像某购书网站，在其经营非常好的时候，我甚至将其作为搜索新书的平台，觉得它提供了比实体书店、专业图书馆更好的相关信息，比如对于图书的专业评论、购买者从不同方面对于图书的评价、用户经常一起购买/浏览的图书、基于用户的浏览和购买记录推荐的图书等等。这些数据集中到一起，提供了比图书作者和出版方写的推介文字更为全面、更为客观的信息。

今天，在零售业中，关于客户背景、销售情况、存货水平、店铺分布的数据，在获取和储存上已经非常方便，通过数据挖掘可以改进关于销售商品选择、进货渠道、销售方式、库存安排等方面的决策，在更好地服务顾客的同时，增加销售量，降低库存和运营成本。在线上商城和各种大大小小的网店中，信息技术得到了广泛的应用。即便在我国乡村集镇上的小超市，会员制、会员积分系统、条形码应用、电子支付等体系也已经非常普遍。数据挖掘可谓前景广阔。在以实体商店为主要的商品交易渠道的传统社会中，实体商店具有一定的垄断性，店家之间的竞争较为有限；而在线上购物非常方便的时代，消费者的选择更加多样，对于商家来说，他们面临着复杂多样的竞争，因而更好地利用数据就更为关键了。

案例二：红牛的数据巧收集

红牛功能性饮料在1995年进入中国市场，2004年在"非典"期间销量猛增，在功能性饮料行业一枝独秀。但是，后来遇到成本上涨及用户意外身亡、疑似添加违禁食品添加剂等一系列负面新闻影响，红牛面临困局。特别是，美国有消费者投诉红牛并未如广告所言"给人翅膀"，没有增强体能和反应力等。红牛和消费者达成和解，同意赔款。和解协议规定，红牛同意向2002年1月1日到2014年10月3日期间在美国购买红牛饮料的人赔偿总计1300万美元，消费者不需要出具发票等证明，只要登录网站填写和提交申请表，即可得到红牛的赔偿，每人得到的赔偿额按照申请赔偿的总人数计算。在理赔过程中，约有4600万人访问网站，400多万人填写申请表，留下了他们的姓名、性别、银行卡号、年龄、邮箱等各项详细信息。红牛向每人支付了3美金，同时得到了海量的消费者信息。根据这些信息，红牛的数据分析师分析出消费者的特征及消费倾向，指导了红牛的广告投放策略和产品改进策略，促进了产品迭代，为不同的消费者群体开发出不同口味的产品。确实，在红牛后来的发展中，它不是笼统地将自己的产品功能定义为赶走疲劳、补充体力，而是在识别目标市场上做出了多样化的努力，设计和生产出面向多个特定消费者群体的产品。（任昱衡 等，2018：8-11）

案例三：《纸牌屋》策划的数据神话

前文提到，电影《乱世佳人》借助盖洛普公司的抽样调查结果进行策划，大获成功。在大数据时代，奈飞（Netflix）公司则运用数据挖掘技术成功地参与策划和制作了电视剧《纸牌屋》。奈飞是世界最大的在线影片租赁服务商，也涉足影视剧拍摄。奈飞在全世界有3300万个用户，用户的观影行为、评分、搜索请求、收藏、推荐到社交网络，以及用户对于视频的每一次点击、播放、暂停、快进、回放、放弃观看、重新观看等，都会被记录下来。奈飞利用上述数据提供一项推荐引擎业务，数千万用户能对影片做出1—5的评级，这些评级构成了一个巨大的数据池。如今这个数据池容量已达约百亿条。基于对这些大数据的分析，加上商业的推动和专业影视工作者的倾情投入，奈飞决定拍摄一部有关参议员的连续剧，这就是热播美剧《纸牌屋》。（丁磊，2020：92-93）

2013年，奈飞的数据工程师发现，喜欢英国广播公司（BBC）出品剧集、导演大卫·芬奇（David Fincher）和演员凯文·史派西（Kevin Spacey）的用户存在交集，一部影片如果同时具备这几个要素，就可能大卖。于是奈飞花1亿美元买下了一部早在1990年就播出的BBC电视剧《纸牌屋》的版权（几乎是美国一般电视剧价钱的两倍），并请来大卫·芬奇担任导演，凯文·史派西扮演男主角。在创作阶段，数据挖掘也给予了有效的指导。一位电影数据挖掘的研究者分析说，在这方面，首先基于大数据选出“参考剧集”，如英剧《纸牌屋》，美剧《白宫风云》《国土安全》等，然后根据观影反应的数据就可以分析观众最喜欢的剧情，比如喜欢什么样的悬念（配角生死未卜？法案是否通过？表白是否被接受？）、喜欢什么话题（政治游戏规则？男女主角的爱情？和真实世界呼应的程度？）、喜欢什么场面（打斗？谈判？性暗示？），从观众的过往评级和观影记录的数据库中可以揭示这一切。

在《纸牌屋》的营销方面，奈飞根据数据池，确定观众的喜好，识别具有相似品位的观众，然后对这一群体做出相关内容的精准推荐。影视信息订阅者中有很大一部分会接受奈飞的观影推荐，所以奈飞在《纸牌屋》刚播出的时候，只向标签为“喜欢凯文·史派西”或者“喜欢政治剧”的观众定向投放广告，就取得了巨大的广告效应。奈飞还根据大数据观测到另一流行趋势：今天越来越多的观众不再是每天在固定的时间守在电视机前看最新剧集，而是等整季剧情结束后以最方便的方式尽情地集中观看。因此，奈飞改变了逐周更新的播出模式，开创性地一口气放出整季的 13 集。甚至，每一季拍摄 13 集的决策也是根据数据挖掘的结果做出的。可以说，正是借助数据挖掘，奈飞实现了其商业目标，也为观众提供了更贴心的服务，这对于所有产品生产者和服务提供者来说，都是很值得借鉴的。

数据挖掘推进社会治理优化

有效的社会治理，离不开对于社会各方面情况的及时清晰了解。前文提及，在古代社会，政府有时因无法掌握人口及土地、财产等方面的变动情况，导致难以足额征税及施行社会治理，若是在国家处于内忧外患之际，政府就会难以应对，甚至改朝换代。在经济发展的过程中，也有一些人主张在掌握全社会所有供需信息的基础上，对于生产、分配、消费等诸环节进行严格的计划管理，但是在实践中遭遇了巨大的困难。今天，我们对于经济发展和社会治理的思路及方法都有了很大转变，整体上更倾向于由不同的行动主体（政府、各类企事业单位、非政府组织、个人）在各自的领域进行判断、选择和行动，协同作用并动态调适，更好地完成各自领域之职责。因此，每个行动主体要想更好地发挥作用，都必须在这个高度复杂而又动态发展的社会系统中尽量准确地掌握情况。要做到这一点，获取真实而充分的数据自然是重要的基础。正如企业要知道生产何种产品更具有市场吸引力需要大数据支撑一样——想想前面的《纸牌屋》的例子，政府要有效地进行社会治理，也可以更好地利用数据的力量，判断社会需求，发现存在问题，提供优质服务。以下案例就是这方面的典型探索。

案例一：新冠肺炎疫情期间的数据应用

2020 年年初，突如其来的新冠肺炎疫情，给社会的方方面面带来了剧烈的冲击。在应对疫情挑战期间，大数据在疫情防控和社会治理中发挥了巨大作用，仅从以下几个方面就可见一斑。

一是政府通过各种信息技术，较为及时准确地收集和发布各地、全国乃至全球的新冠肺炎疫情数据，动态反映疫情发展变化，科学划分不同风险等级地区，为民众及时了解疫情、政府根据当地情况科学决策（比如物资调配和储备、医疗人员的调配、具体防疫措施的制定和推行）奠定了基础。

二是传染病防治和公共卫生领域的科研工作者对于疫情溯源、疫情的传播路径、疫情的防控等进行研究，对于疫情的未来发展做出预测。尽管在这些方面还有很多工作要做，但是在疫情发展过程中，人们对于这些方面的认识不断加深，自然也有利于做出科学的决策。在疫苗研发中，大数据也发挥了巨大作用。

三是全面跟踪人员流动情况，推出健康码、疫情防控行程卡等便捷工具。通过电信服务商提供的用户位置和轨迹数据进行分析，能够跟踪全国特别是重点地区的人员流动情况，确定确诊患者和疑似患者的行动轨迹，及时查找确诊患者和疑似患者的密切接触人员，支撑疫情防控部署以及对流动人员的监测分析。

四是应用电力、自来水、燃气等大数据，进行特殊群体人员监测和人员流动跟踪。国网浙江省电力公司杭州供电公司研发了全国首个“电力大数据 + 社区网格化”算法，实现了收集、研判电力数据功能，对滨江 157476 户居民的超过1000万条电力数据进行了收集和分析。为了精准判断细微的用电数据差别，该公司开发了居民短暂和长期外出、举家返回、隔离人员异动等3个场景6套算法模型。通过3轮150余万条次电力大数据巡航，该公司精准判断出区域内人员日流动量和分布，还可以实时监测居家隔离人员、独居老人等特殊群体347户。这让社区人员得以根据电量波动判断业主状况，做好跟踪服务。（美林数据，2020）

五是利用医疗影像大数据和人工智能技术，提升临床诊断水平和效率。新冠肺炎疫情早期，由于确诊案例样本量少，医疗机构缺少高质量临床诊断数据，核酸检测作为病原学证据被公认为新冠肺炎诊断的主要参考标准。随着临床诊断数据的积累，新冠肺炎的影像学大数据特征逐渐清晰，CT影像诊断结果变得越发重要。一位新冠肺炎病人的CT影像在300张左右，医生对一个病例的CT影像肉眼分析耗时大约为5—15分钟，这给医生临床诊断带来巨大压力。达摩院联合阿里云等机构，基于5000多个病例的CT影像样本数据，学习样本的病灶纹理，针对新冠肺炎临床诊断研发了一套人工智能诊断技术，人工智能可以在20秒内对新冠肺炎疑似病例的CT影像做出判读，分析结果准确率达到96%，大幅提升了诊断效率和准确率。（美林数据，2020）

六是基于大数据和网络改变生产生活方式。在疫情期间，各行各业都受到了极大冲击，大数据和网络的广泛应用在很大程度上支持了社会的正常运行。在家上班、在线办公、在线会议成为常态；亿万学生在线上课，停课不停学；线上购物成为最主要的购物途径，甚至在国内疫情基本稳定后，人们在开会、购物等方面依旧优先考虑在线方式。

七是基于大数据分析，在疫情防控的同时及时推进复工复产。政府运用数据挖掘技术，综合考虑多种因素，研判复工、复产、复学可能给疫情防控带来的风险，研判采取何种程度的防控措施，预估推迟复工复产给国民经济和社会发展在短期和长期可能带来的影响。很明显，这对于政府各部门、各单位做出行动决策是极其重要的。

总而言之，从医学研究和疫情防控，到社会运转和恢复，数据挖掘厥功甚伟。同 2003 年“非典”疫情期间相比，这些方面都取得了长足的进步。

案例二：美国纽约市政府的城市管理

纽约市是在城市管理中运用数据最具广度和最有深度的城市之一。这个人口密集、流动性大、复杂度高的大都市面临着城市管理上的巨大挑战。比如，纽约市每年发生 2.5 万次以上的火灾，其中大多发生在违规改建的建筑中。大约 100 万栋建筑物中每年约有 3000 栋因火灾损毁。市政府每天接到 6 万多次投诉电话，但是只有 200 个检查员根据投诉电话随机抽查被投诉建筑，效率低下，收效有限。2013 年成立的市长数据分析办公室的任务之一，就是降低火灾的发生率。在纽约市的建筑中，有一些是房主为了还房贷或者营利而将房子改成家庭旅馆以容纳更多人居住，这种非法改建更易导致火灾发生，而且发生火灾时伤亡更加严重。数据分析办公室的主管米歇尔·弗洛尔斯（Michael Flowers）和其手下的数据分析师成功地建立了一个消防检测系统，将33万栋建筑划分为60个火灾风险等级，纽约市的各消防单位根据这个系统决定每周的常规检查路线和重点检查建筑，从而更为有效及时地根据数据挖掘结果发现非法改建现象，及时处理，防患于未然，检查员现场发出房屋腾空令的比例从17%上升到70%，降低了纽约的火灾发生频率。

数据分析师通过数据挖掘发现，与一栋大厦是否发生火灾相关的常见因素有大厦的类型（住宅、工厂、商场）、大厦的高度、施工材料、建筑的新旧程度等。虽然理解这些相关性并不难，但是短时间内收集纽约上百万栋建筑的资料非常困难。数据分析办公室之前为了处理金融危机后的房屋抵押贷款欺诈案，收集了大量房屋数据，这些数据在消防检测系统中也发挥了作用。他们还收集了关于建筑的位置、建造时间、是否改建过、是否丧失留置权、居民的收入水平、是否被投诉过等约60个相关指标的数据，其中很多数据来自纽约市政府的公开数据。数据分析师采用相关分析等方法，确定这些因素与火灾的相关性以及各种因素之间的相关性，进而确定每栋建筑的火灾风险等级，为消防工作提供了良好的基础。（任昱衡 等，2018：8-11）

纽约市政府也是全世界范围内公开数据最多的政府。这些公开数据除了为政府的社会治理提供良好的数据基础外，也为市民的决策提供了可靠的信息。2012年2月，纽约市教育局根据一项法律裁决公开了全市18000名教师近5年的教学数据，这些数据以近5年全市每一次主要科目的考试成绩为依据，评估每位教师的教学质量并进行排名（涂子沛，2014：245）。家长和学校可以据此更全面地了解教师的教学效果。这种公开数据的做法自然会给教师和学校带来压力，但也可能促使甚至逼迫教师提升教学水平。

民众利用公开数据也可以促进社会治理的优化。比如，2011年美国佛罗里达州发生了一起恶性交通事故，原因是一名退休警察超速行驶。记者查阅历年数据后发现，2004年以来该州发生过320起警察超速导致的交通事故，19人因此丧生，却只有一人入狱服刑。记者根据《信息自由法》申请数据公开，用110万条当地警车通过高速路口收费站的原始记录等数据，证实了警车超速普遍存在。而且时间记录表明，绝大部分超速发生在上班、下班途中，而不是执行公务期间。数据分析结果见报后，多名警察受到处理。一年后，该记者再次申请数据公开，分析表明，与上一年同期相比，警察超速的个案数量下降了84%。（涂子沛，2014：271–274）试想，政府如果以同样的方法主动作为，对于提升社会治理水平将会是何等地有效！

案例三：杭州城市大脑和智慧城市建设

《中华人民共和国国民经济和社会发展第十四个五年规划和2035年远景目标纲要》在“加快数字社会建设步伐”部分提出，“适应数字技术全面融入社会交往和日常生活新趋势，促进公共服务和社会运行方式创新，构筑全民畅享的数字生活”，包括“以数字化助推城乡发展和治理模式创新，全面提高运行效率和宜居度。分级分类推进新型智慧城市建设”。在“提高城市治理水平”中提出，“运用数字技术推动城市管理手段、管理模式、管理理念创新，精准高效满足群众需求”。运用数字技术推进智慧城市建设正在进入新的发展阶段。

在智慧城市建设方面，很多城市已经进行了卓有成效的探索。浙江省杭州市2016年启动了“城市大脑”，2017年10月正式发布了“城市大脑1.0”，首先以交通为突破口，探索用智能手段进行城市治理的高效路径。2018年年底，“城市大脑（综合版）”正式上线，这宣告基于中枢系统的城市大脑正式延伸至卫健、旅游、城管、环保等领域，城市大脑从“治堵”向“治城”迈进。2019年7月，城市大脑发布了舒心就医、欢快旅游、便捷泊车、街区治理等便民服务内容，9月城市大脑“数字驾驶舱”上线运行，以市领导及政府部门为主要服务对象，基于城市所产生的数据资源，实现数据即时、在线、准确，是城市管理者的日常工作平台。通过扩大业务领域数据实时掌控能力和综合信息服务的广度和深度，数字驾驶舱能够更好地辅助领导决策，有效调配公共资源，不断完善社会治理，推动城市可持续发展。2019年年底，杭州推出了便民惠民应用新场景，并提出“打造全国数字治理第一城”目标。2020年2月11日，城市大脑的重要组成部分——杭州健康码上线，这也是在新冠肺炎疫情暴发之初最早上线的人员及健康信息追踪系统。3月“亲清在线”上线，它实现了企业诉求在线直达、政府政策在线兑付、政府服务在线落地、政策绩效在线评价、政府许可在线实现等五大功能，提升了政府服务效能。目前，杭州城市大脑拥有健康码、人才码、亲清在线、数字城管、数字驾驶舱等48个数字化应用场景，在党政机关、数字政府、数字社会、数字法治、数字经济等五大领域实现综合应用，大大提升了杭州城市治理体系和治理能力的现代化水平。

杭州借助数字化实现治理水平的提升，大大惠及民众。比如在交通方面，通过及时发布拥堵信息、提示附近交通事故、智能调控交通信号灯，可以减少通行时间。在杭州，城市大脑从摄像头获取即时交通流量，让交通信号灯根据即时流量优化路口时间分配，提高交通效率。数据显示，有了城市大脑的智能调控，杭州上塘高架路22公里里程的通行时间平均节省4.6分钟；萧山区104个路口信号灯自动调控，车辆通过速度提升15%。为破解医院周边停车难问题，城市大脑整合接入杭州市医院及周边500米范围内的停车位实时数据，通过挂号APP、交通广播、地面引导牌等实时发布停车位信息，引导市民快速找到车位（新华网客户端，2020）。再如，以村（社区）为主体的“家和码”，将基层社会治理触角从网格延伸至家庭，实时汇聚部门（单位）推送和基层采集的情感类、经济类、扶助类等七大类婚姻家庭矛盾纠纷信息，对家庭进行红、黄、绿三色赋分定码，开展相关家庭“一户一策”动态精准解码，实现婚姻家庭矛盾“未病先防、既病快治、愈后防复”（庄郑悦，吴静，2021）。

如此数字赋能的治理，真正实现了“城市，让生活更美好”（Better city，better life）！

二 数据挖掘的理论与技术

无所不在的数据来源

提到数据，你会想到什么？除了数字、文本、图片、声音、视频，还有什么？让我们来设想以下场景。

你戴着运动手环，它通过传感器收集我们行走的步数、消耗的卡路里，监测我们的睡眠时长、心率、血氧、血压，通过无线传输方式将这些信息发送到智能手机或电脑终端进行数据分析，告知你的健康状况。

你在高峰时段选择自驾出行，那么你是不是会打开某个地图 APP，看看实时路况，避开极度拥堵的红色路线？如果你选择的是公共汽车或地铁等公共交通工具，那么你是不是会看看显示屏，以了解距离下一趟车到达还有多久？如果你选择的是网约车或出租车，那么你是不是会打开约车APP，发布打车地点和时间，查看网约车或出租车的运行轨迹？

你在点外卖的时候，是不是会浏览平台根据定位推送给你的商家，搜索喜爱的商品，下单后实时查看商家制作和外卖小哥配送的情况？外卖平台除了从服务费中盈利，还通过“人肉轨迹”掌握了你的手机号码、位置、性别、喜好等信息，计算出你们小区大门的开关情况、你的职业、你的家乡等等大量数据。

以上提到的健康、交通、销售行业中的数据仅仅是冰山一角，其他行业也都在用数据刻画我们的物理世界，它们无所不在，它们无时不在。

什么是大数据

大数据，不是随机样本，而是所有数据；不是精确性，而是混杂性；不是因果关系，而是相关关系。

——迈尔-舍恩伯格和库克耶（2013）

2008年，美国《自然》杂志正式提出了“大数据”的概念。大数据（big data）是指“无法用现有的软件工具提取、存储、搜索、共享、分析和处理的海量的、复杂的数据集合”。IBM提出了大数据的4个特征：低价值密度（value）、大量（volume）、高速（velocity）、多样（variety）。

低价值密度：价值密度的高低与数据总量的大小成反比。图片和视频的数据产生量大，其中信息的价值密度相对较低；而表格类的数据价值密度较高。如何通过强大的算法更迅速地完成数据的价值“提纯”，成为目前大数据背景下亟待解决的难题。

大量：大数据的体量庞大。截至目前，人类生产的所有印刷材料的数据量是200PB，而历史上全人类说过的所有话的数据量大约是5EB（1EB=1024PB）。詹姆士·格雷（James Gray）提出著名的“新摩尔定律”：人类有史以来创造的数据总量每过18个月就会翻一番。

高速：数据生产速度极快，且需要及时处理和响应，这是大数据区分于传统数据挖掘的最显著特征。另外，大数据还要求处理数据的响应速度快，在几秒内完成对上亿条数据的分析。

多样：相对于以往便于存储的以文本为主的结构化数据，非结构化数据越来越多。非结构化数据包括网络日志、音频、视频、图片、地理位置信息等，对数据处理能力提出了更高要求。

大数据与传统数据的区别在哪里？从大数据的上述概念和特征可以看出，大数据与传统数据的差别不是仅仅体现在数量的“大小”上，更重要的是数据的收集方式出现了重大变革：依托于服务性行业等数据源，与互联网联系更加紧密，蕴含着“以人为本，服务为重”的思想。

从哪里获取数据

数据挖掘的对象是真实的数据，俗话说“巧妇难为无米之炊”，数据可以从哪里获取？数据来源主要有两个渠道：

一是间接来源，我们搜集并利用由别人通过调查或实验的方式获取的数据；二是直接来源，我们通过亲自调查或实验获得一手数据。

间接的数据来源

间接的数据来源可以分为系统外数据和系统内数据。通俗地说，可以认为系统外数据是成品二手数据，系统内数据是半成品二手数据。

系统外的数据来源主要有以下渠道：

（1）国家统计部门和各级政府部门公开的资料，如定期发布的统计公报、统计年鉴等，以及国家数据网站、国家统计局网站、中国裁判文书网、中国互联网络信息中心网站、中国信通院网站、中华人民共和国自然资源部网站、中国气象局网站等发布的官方数据。

（2）非官方的各类经济信息中心、信息咨询机构、专业调查机构提供的市场信息和行业发展的数据情报，如艾瑞指数、百度指数、微指数、搜狗指数、微信指数等各平台发布的调查数据，以及阿里指数、CBO 中国票房、爱奇艺指数、360 大数据平台、易车指数、高德地图、房天下等行业数据。

（3）各类专业期刊、报纸、图书所提供的文献资料，包括电子版文献资料，如中国知网提供学位论文、学术期刊、会议、报纸、图书等文献的检索。

（4）各种会议，如博览会、展销会、交易会，以及专业性、学术性研讨会上交流的有关资料。

（5）从互联网、图书馆、档案馆查阅到的相关资料。

互联网上有海量的数据，有网民在微信、微博等社群或网站上发布的社交数据，也有企业运营产生的数据。图书馆中提供图书、报纸、期刊的检索和借阅。档案馆保存有珍贵的历史资料。

系统内的数据来源主要包括：业务资料，如与业务经营活动有关的各种单据、记录；经营活动中的各种统计报表；各种财务、会计核算和分析资料。

二手数据相对于一手数据具有搜集方便、采集速度快、采集成本低等优点。且这样搜集到的数据资料作用也非常广泛，除了用于分析要研究的问题之外，这些资料还可以提供研究问题的背景，帮助研究者更好地定义问题，检验和回答某些假设和疑问，寻找研究问题的思路和途径。但是二手数据也有很大的局限性，因为它们并不是为特定的研究问题而产生的，所以在回答我们要研究的问题上可能有欠缺。因此，我们在使用二手数据前需要进行必要的评估。

直接的数据来源

对于一些特定的研究问题，二手数据往往针对性不够，这时就要通过调查或实验的方法直接获得一手数据。我们可以通过调查获得数据，例如，经济学家通过搜集经济现象的数据来分析经济形势、某种经济现象的发展趋势、经济现象之间的相互联系和影响；社会学家通过搜集有关人的数据了解人类行为；管理学家通过搜集生产、经营活动的有关数据，分析生产过程的协调性和效率。调查数据通常取自有限总体，即总体所包含的个体单位是有限的。如果调查针对总体中的所有个体单位进行，我们就把这种调查称为普查。我们也可以通过实验获得数据，例如，化学家通过实验了解不同元素结合后产生的变化，农学家通过实验了解水分、温度对农作物产量的影响，医学家通过实验验证新药的疗效。实验作为搜集数据的一种科学方法，也被广泛运用到社会科学中。心理学、教育学的研究经常使用实验方法获取所需要的数据，社会学、经济学、管理学中也有许多使用实验方法获得研究数据的案例。

数据挖掘的技术与工具

数据挖掘有广义和狭义之分。从广义上来说，数据挖掘是从大型数据集中，挖掘隐含在其中的，人们事先不知道的，对决策有用的知识的过程。从狭义上来说，数据挖掘是指从特定形式的数据集中提炼知识的过程。因此，也有学者提出数据挖掘应该被称为“知识挖掘”。

数据挖掘是一个从数据准备到结果分析的完整过程，一般的步骤有：

（1）确定业务对象：在开始数据挖掘之前的基础工作是理解数据和实际的业务问题，在这个基础之上提出问题，对目标做明确的定义，认清数据挖掘的目的。

（2）准备数据：准备数据是保证数据挖掘成功的先决条件，在整个数据挖掘过程中有大量的数据准备工作，大约占整个数据挖掘工作量的60%，数据准备包括数据选择、数据预处理和数据的转换等。

（3）数据挖掘：数据挖掘就是对所得到的经过转化的数据进行挖掘，除了选择合适的挖掘技术之外，其余工作应该能由计算机自动完成。

数据挖掘技术是指为了完成数据挖掘任务所需要的全部技术。数据挖掘是在数据库、统计学、人工智能等相关学科充分发展的基础上被提出和发展的，因此，数据挖掘技术主要有三类：第一类是基于数据库等信息技术发展而来的数据挖掘技术，第二类是统计学数据分析技术，第三类是人工智能研究和应用技术。数据挖掘大量借鉴了统计学和机器学习中的技术，常用的技术有关联分析、相关分析、降维分析等统计学方法，还有神经网络、决策树、遗传算法、贝叶斯网络、最邻近算法、粗糙集理论和方法等。

（4）结果分析：对挖掘的结果进行解释并评估，使用的分析方法一般应根据数据挖掘的操作而定，目前通常会用到可视化技术。

（5）知识的同化：知识的同化就是将分析所得到的知识集成到业务信息系统的组织结构中去。

从以上步骤可以看出，最重要的环节是准备数据和数据挖掘，本节会重点介绍这2个步骤的重要技术和方法：数据预处理和数据挖掘技术。

数据预处理

数据收集好了，就可以开始分析了吗？一般来说，收集来的数据可能不完整，或者有“噪声”，会影响数据处理的结果。数据挖掘领域有一句有意思的话：“GIGO” （garbage in, garbage out），字面意思是：输入的是垃圾，输出的也是垃圾。这表明从低质量的数据中得不到高质量的知识。要想挖掘出有价值的结果，首先需要“过滤”掉“数据垃圾”。如何对数据进行“过滤”呢？

在数据挖掘中，对数据进行“过滤”其实就是对数据进行预处理，以得到目标数据集。数据预处理（data preprocessing）的方法主要有：数据清洗、数据集成、数据变换、数据归约等。

数据清洗

数据清洗（data cleaning）就是消除数据噪声、与挖掘主题不相关或不一致的数据，填补缺失值，平滑噪声数据。

在收集数据时，常常存在缺失值的现象。比如，银行房屋贷款信用风险评估中，客户会不愿意填写家庭月收入等一些较为敏感的信息，可以在数据清洗时采用不处理、人工填写缺失值、使用全局常量填充缺失值、用属性的均值填充缺失值、用同类样本的属性值填充缺失值、使用最可能的值填充缺失值、用最邻近方法填充缺失值等方法。采用何种方法处理缺失值，可以综合考虑数据集的大小、数据的属性、数据的重要性等方面进行选择。而良好的数据库和数据输入设计，可以将缺失值或错误降至最少，有助于减少数据清洗时的工作量。

数据噪声可能是由数据收集工具、数据输入、数据传输、命名规则等错误造成的。消除数据噪声通常采用分箱、聚类、回归等数据平滑方法来实现。

分箱方法通过考察数据的“近邻”来光滑有序的数据

值，将有序的值分布到箱中。由于分箱方法考察近邻的值，因此它可以进行局部的光滑，就像可以将水果按照大小进行分类，按照不同的价格售卖一样。聚类分析可以将类似的值组织成群，落在群之外的值可以被视为离群点，予以清除，以此来消除噪声。回归分为线性回归和多元线性回归，是用一个函数来拟合数据，从而实现平滑数据。

数据集成

现实中可能用到的数据来源是丰富多样的，如来自多个数据库，那么就需要将多个数据源中的数据整合到一个数据存储中，转换成适于挖掘的形式，这就牵涉到数据集成。如何数据集成？首先是模式集成和对象匹配，通过整合不同数据源中的元数据来实施数据模式的集成，处理不同数据源中属性等命名不一致问题。然后是检测并解决数据值的冲突，如数据的度量等不一致现象。最后是检测并删除冗余数据，如“年薪”可以由“月薪”计算得到，因此可以删除“年薪”字段。

数据变换

我们收集到的数据常常不规范或不统一，需要转换为易于进行数据挖掘的数据存储形式。例如，小红考了80分，小新也考了80分，但是前者满分是100分，后者满分是150分，显然两位同学的成绩没有可比性，所代表的含义不同。那么，如何进行数据变换呢？我们需要先对字段进行筛选，然后对数据进行探索和相关性分析，接着是选择算法模型，针对算法模型对数据的需求，进行数据变换。常见的方法有规范化，也就是将属性数据按照一定的规则投射入一个小的特定区间。

常见的规范化方法有三种。第一种方法是最小－最大（min-max）规范化，利用公式

新数值 =（原数值 − 最小值）/（最大值 − 最小值）

将原始数据变换到 [0，1] 区间。

第二种方法是零－均值（Z-Score）规范化，利用公式

新数值 =（原数值 − 均值）/ 标准差

将所有学生成绩都变换为标准分数，就可以用相同的标准来比较小红和小新的成绩了。

假设小红所在的班级平均分为 80，标准差为 10。小新所在的班级平均分为 120，标准差为 100。那么小红的新数值 =（80−80）/10 = 0，小新的新数值 =（80−120）/100 = −0.4。那么在零－均值标准下，小红的成绩比小新的成绩好。

第三种方法是小数定标规范化，通过移动小数点的位置来进行规范化。小数点移动多少位，取决于属性取值中的最大绝对值。比如，新数值的取值范围是 −999 到 88，那么最大绝对值是 999。小数点就会移动 3 位，即新数值 = 原数值 /1000，其取值范围就被规范化到 [−0.999，0.088]。

从小红和小新两位同学的成绩比较可以看出，在数据挖掘中数据变换比算法选择更为重要。我们要让数据满足一定的规律，达到规范性的要求，便于挖掘。如果不做变换的话，要不就是维数过多，增加了计算的成本，要不就是数据过于集中，很难找到数据之间的特征关联。

数据归约

数据归约又称为数据约简或数据简化，简单来说就是，在尽可能保持数据原貌的前提下，最大限度地精简数据量。数据归约包括维归约、数量归约和数据压缩。

维归约是指减少所考虑的随机变量或属性的个数，也就是说，把原始数据变换或投影到维度较少的空间。方法有小波变换、主成分分析和属性子集选择。在属性子集选择中，不相关、弱相关或冗余的属性或维被检测或删除。

数量归约是指用占用空间较小的数据表示形式替换原始数据表示形式。这些技术可以是参数或者非参数的。参数方法使用模型估计数据，使得一般只需要存放模型参数而不是实际数据（离群点需存放）。非参数方法包括直方图、聚类、抽样和数据立方体聚类等方法。

数据压缩是指通过变换得到原始数据的归约或“压缩”表示。如果数据可以在压缩后重构，而不损失信息，则该数据归约被称为无损的。如果是近似重构原数据，则被称为有损的。

关联分析

上一章讲到，沃尔玛发现了啤酒与尿布销售上的关联，通过将二者摆放在一起或者捆绑营销提升了效益。这种发现事物之间关系的方法就是数据挖掘中一个重要的、高度活跃的分支——关联分析，它是数据挖掘领域的一种无监督算法，用于挖掘数据中潜在的属性关联组合规则。如果两个或多个事物之间存在一定的关联，那么对其中一个事物就能通过其他事物进行预测。

关联分析最早由阿格拉瓦尔（Rakesh Agrawal）等人提出，他们提出的动机是分析顾客购买行为，发现顾客购买不同商品之间的联系规则，通过客户每次购买商品的数据信息挖掘商品之间的关联关系以调整经营策略，也就是俗称的“购物篮分析”。该分析方法从整体角度为寻找变量之间的相关性提供了极大的便利，逐渐在各个领域得到了有效的应用。在天气预报中，通过关联分析可以发现特定风向与特定天气存在关联。在金融业中，通过关联分析可以发现特定指标的改变和股票的涨跌之间存在关联。在政治选举中，通过关联分析可以发现选举宣传商品与领导人选举结果之间存在关联。

如何从大量数据中根据预设条件发现所有满足条件的关联关系？答案就是挖掘出关联规则。可以使用“支持－置信”分析来判断一个关联规则是否有效。以电商时代消费者网购为例，如果把消费者的每次网购行为当作一个事件，那么考虑从商品X到商品Y的关联规则，支持度就是指所有事件中同时购买商品X和商品Y的比例，置信度就是在所有购买了商品X的事件中也购买商品Y的比例。挖掘关联规则中最常用的条件是“最小支持度阈值－最小置信度阈值”。也就是说，如果支持度和置信度都不低于某个值，那么可以说从商品X到商品Y的规则被认为是有效的。通过“最小支持度阈值－最小置信度阈值”条件，电商发现了诸如“顾客购买装修材料两个月后会购买家具、窗帘等软装商品”“顾客购买孕妇用品后四个月会购买婴儿车”等规律。

聚类分析

你有没有遇到过这样的情况：在逛完某电商平台后会收到一些推销活动的通知，但是你之前并没有关注过那些商品。为什么电商平台会给我们推销这些商品呢？这是因为电商平台根据我们的年龄、性别、地址以及历史购买数据等信息，将我们分为不同的类型，比如“未婚白领”“育儿宝妈”“运动达人”“养生贵族”等，电商平台根据不同类别用户的特征向其发起不同的优惠活动。利用用户的消费数据将用户分为不同的类别时，就会用到数据挖掘中的聚类分析。

聚类分析是根据在数据中发现的描述对象及其关系的信息，将对象分组。聚类分析的目的是让组内的对象相互之间是相似的（相关的），而不同组中的对象之间是不同的（不相关的）。组内相似性越大，组间差距越大，说明聚类效果越好。聚类效果的好坏取决于两个因素：第一个是衡量距离的方法（distance measurement），第二个是聚类算法（algorithm）。

聚类分析可以分为以下5类：基于划分的聚类、基于层次的聚类、基于密度的聚类、基于网格的聚类、基于模型的聚类。

基于划分的聚类是简单、常用的一种聚类方法，它通过将对象划分为互斥的簇进行聚类，每个对象属于且仅属于一个簇，包括k-均值算法、k-中心点算法、k-原型算法等。一个经典案例是“鸢尾花聚类”，研究者根据花瓣宽度、花瓣长度、萼片宽度、萼片长度4个特征，运用k-均值算法对鸢尾花进行聚类。数据集内含3类鸢尾花的共150条记录，每类各50条记录，每条记录包含鸢尾花的4个特征数据。分析者选择 $k=3$ 个点作为初始聚类中心，计算其他点到中心点的距离，进行聚类，然后根据所有点到各自聚类中心点的平均距离重新计算每个聚类的中心点，再次聚类，直到中心点达到最优而不再变化，或者达到分析者设定的最大迭代次数。通过这样的计算过程，研究者将鸢尾花聚类为山鸢尾、杂色鸢尾和维吉尼亚鸢尾3类。

基于层次的聚类的应用广泛程度仅次于基于划分的聚类，其核心思想是通过把数据集中的数据划分到不同层的簇，从而形成一个树形的聚类结构。基于层次的聚类算法可以揭示数据的分层结构：在树形结构上对不同层次进行划分，可以得到不同粒度的聚类结果。它包括AGNES、BIRCH、ROCK等算法。一个案例是对公司职员的聚类分析。公司人力资源部经理把所有的雇员组织成较大的簇，如主管、经理和职员，然后进一步划分为较小的簇，职员簇可以进一步划分为子簇：高级职员、一般职员和实习人员。所有的这些簇形成了层次结构，可以很容易地对各层次上的数据进行汇总或者特征化。

基于密度的聚类算法将簇看作样本空间中被稀疏区域（噪声）分隔开的稠密区域，这一算法的主要目的是过滤样本空间中的稀疏区域，获取稠密区域作为簇。基于密度的聚类算法根据密度而不是距离来计算样本相似度，所以基于密度的聚类算法能够用于挖掘任意形状的簇，并且能够有效过滤掉噪声样本对于聚类结果的影响。常见的基于密度的聚类算法有 DBSCAN、OPTICS 和 DENCLUE 等。在销售领域，常常利用基于密度的聚类算法对客户历史数据进行分析，对客户划分类别，刻画不同客户群体的特征，从而深入挖掘客户潜在需求，改善服务质量，增强客户黏性。

基于网格的聚类算法将数据空间划分成有限个数单元的网格结构，所有的处理都以单个单元为对象，可以有效降低算法的计算复杂度，且同样对密度参数敏感。这样做起来处理速度很快，因为这与数据点的个数无关，只与单元个数有关。其代表算法有 STING、CLIQUE 和 WaveCluster 等。在文献检索领域中，为了解决传统知识处理系统对其边界以外的知识处理低效、匹配冲突等问题，有研究者运用基于网格的聚类算法，提出分级检索策略，将检索过程一分为二，首先在聚类的基础上对待处理案例进行检索，然后在检索得到的某个聚类上对比待处理案例，进行二次检索，得到相似案例。

基于模型的聚类主要是指基于概率模型的方法和基于神经网络模型的方法，尤其以基于概率模型的方法居多。其中最典型也最常用的方法就是高斯混合模型（Gaussian mixture models，GMM）。基于神经网络模型的方法主要是指自组织图谱（self organized maps，SOM）。在医学领域，运用神经网络模型 SOM 算法对图像进行分析，可以挖掘疾病的不同临床特征，辅助医生进行临床诊断。

异常值分析

我们可以通过智能手表和手环每几分钟检测一次心率，检测心率数据中的异常可以帮助我们预测心脏疾病。对交通数据的异常检测可以帮助我们预测事故。异常值检测还可用于识别网络基础设施和服务器间通信的瓶颈。原来，看似不“正常”的数据也有大用处。

异常值在统计学上的全称是“疑似异常值”，也称作离群点（outlier）。异常值分析也称作离群点分析。异常值是指样本中出现的“极端值”，数据值看起来异常大或异常小，其分布明显偏离其余的观测值。在数据分析中，既不能忽视异常值的存在，也不能简单地把异常值从数据分析中剔除。重视异常值的出现，分析其产生的原因，常常成为发现新问题进而改进决策的契机。

如何判断一个数值是不是异常值？在不同的数据中，鉴别异常值有不同的标准，常见的有以下几种：

第一种是数字超过某个标准值，这是最常用的异常值判断方法之一。主要是看数据中的最大值或最小值，依据专业知识或个人经验，判断是否超过了理论范围，数据中有没有明显不符合实际情况的错误。比如，测量成年男性身高，出现 17.8 米这样的数据，显然不符合实际情况。又如，问卷调查中使用 1—5 级量表进行研究，出现 −2、−3 这类数据，则可将其判断为异常值。

第二种是数据与平均值的差大于 ±3 个标准差。这一原则在数据服从正态分布的时候用得比较多。在这种情况下，异常值被定义为一组测定值中与平均值的偏差超过 3 个标准差的值。在数据处理的时候，按照正态分布的性质，3 个标准差以外的数据都可以被看作错误的数据从而排除掉。

第三种是箱型图分析。箱型图依据实际数据绘制，没有对数据做任何限制性要求，它只是真实直观地表现数据分布的本来面貌。另一方面，箱型图判断异常值的标准以四分位数和四分位距为基础。四分位数具有一定的稳健性：多达 25% 的数据可以变得任意远而不会很大地扰动四分位数，所以异常值不能对这个标准施加影响。由此可见，箱型图识别异常值的结果比较客观，在识别异常值方面有一定的优越性。

在数据处理时，异常值的处理方法，需视具体情况而定。有时，异常值也可能是合理的值，只不过异常地大或小。所以，在很多情况下，要先分析异常值出现的可能原因，再判断如何处理异常值。处理异常值的常用方法有：删除含有异常值的记录；把异常值视为缺失值，使用缺失值的处理方法进行处理，这样做的好处是利用现有数据对异常值进行替换或插补；不处理，直接在含有异常值的数据集上进行数据分析。

相关分析

生活中，我们常常会遇到这些问题：生活幸福指数与学历有关系吗？出行方式与收入有关系吗？小孩的大学专业和父母受教育程度、父母职业有关系吗？这种对两个或多个具备相关性的变量因素进行分析，从而衡量两个变量因素的相关程度的分析方法就是相关分析（analysis of correlation）。

相关分析的方法很多。例如，在判断腰围和体重是否存在相关性、有何关系时，可以通过散点图使腰围、体重和脂肪比重的数据之间关系可视化。通过数据分析可以发现，随着腰围的增加，体重也在增加，两者存在相关关系，且是正相关。脂肪比重与体重也存在正相关。

那么腰围和脂肪比重对体重的影响程度有多大呢？散点图无法揭示影响的程度，那么就需要进行进一步分析，引入相关系数（correlation coefficient）r 精准地反映两个变量之间线性相关的强弱程度，常用的相关系数如皮尔逊（Pearson）相关系数、斯皮尔曼（Spearman）相关系数、肯德尔（Kendall）相关系数。相关系数 r 的取值范围是 $[-1, 1]$。r 的绝对值越趋于 1，表示线性相关越强；r 的绝对值越趋于 0，表示线性相关越弱；若 r 的绝对值等于 1，为完全线性相关（相当于两个变量有函数关系）；若 $r>0$，表示两个变量存在正相关；若 $r<0$，表示两个变量存在负相关；若 $r=0$，表示两个变量不存在线性相关关系。其实，并不是说只有 $r=0$ 时才表示两个变量不存在线性相关。在实际的应用中，因为 r 表示的是相关程度，所以我们往往会将 r 的取值分成几个区间，来表示不同程度的相关。

体脂肪重量（腰围和体重）和运动能力（跑步和跳远成绩）是否有关系呢？这时就需要考虑组内各变量间的相关性，对体脂肪重量和运动能力数据间的关系进行典型相关分析（canonical correlation analysis）。典型相关分析的实质就是在两组随机变量中选取若干个有代表性的综合指标（变量的线性组合），用这些指标的相关关系来表示原来的两组变量的相关关系。简单来说，典型相关分析的算法思想是将两组高维的数据分别降到一维，然后用相关系数分析其相关性。将二维的体脂肪重量（腰围和体重）和运动能力（跑步和跳远成绩）相关性，降为计算体脂肪重量和运动能力的相关度。

回归分析

通过相关分析，我们已经确定腰围和体重存在正相关，但还不能得到两个变量之间相关关系的具体模式，也无法从一个变量的变化来推测另一个变量的变化情况。我们非常在乎自己的身型，想通过腰围来预测和管理体重，那么就得进一步考察腰围会如何影响体重。回归分析就是通过建立模型来描述影响关系的数据分析方法。回归分析（regression analysis）是确定两组或两组以上变量间关系的统计方法，是一种预测性的建模技术，它研究的是因变量（目标）和自变量（预测器）之间的关系。这种技术通常用于预测变量的变化趋势、发现变量之间的因果关系等。

线性回归分析按照变量的数量分为一元回归和多元回归。对两个变量使用一元线性回归。例如，X 表示腰围，Y 表示体重，b_0 为方程的截距，b_1 为斜率，$Y = b_0 + b_1X$ 表示两个变量间的关系。知道了 b_0 和 b_1 的值就知道了变量间的关系，并且可以通过这个关系在已知腰围的情况下预测体重。

对两个以上变量就需要使用多元线性回归。我们为了研究在线课程满意度的影响因素，将平台交互性、教学资源、课程实施、课程设计共4个因素作为自变量，将学生满意度作为因变量，利用回归分析方法进行分析。首先，通过相关分析得出平台交互性、教学资源、课程实施、课程设计4个因素与学生满意度均有着显著的正相关关系。然后将4个变量均纳入回归分析模型，可以分析得到平台交互性、教学资源、课程实施、课程设计对学生满意度的影响模式。

时间序列（time-series）是指在一定时间内按时间顺序测量的某个变量的取值序列。比如变量是股票价格，那么它随时间的变化就是一个时间序列。同样的，如果变量是股票的收益率，则它随时间的变化也是一个时间序列。时间序列分析就是使用统计的手段对这个序列进行分析，以此对该变量的变化特性建模，并对未来进行预测。

在前面介绍的回归模型中，处理的因变量都是数值型变量，建立的模型描述的是因变量与自变量之间的线性关系。线性回归模型通常处理因变量是连续变量的问题，如果因变量是定性变量，线性回归模型就不再适用了，需采用逻辑回归模型解决。逻辑回归（logistic regression）适用于处理因变量为分类变量的回归问题，常见的是二分类或二项分布问题，也可以处理多分类问题。逻辑回归和线性回归都属于广义线性模型，但它们要解决的问题不一样，逻辑回归解决的是分类问题，输出的是离散值；线性回归解决的是回归问题，输出的是连续值。在一项关于公共交通的调查研究中，一个调查题目是“乘坐公共汽车上下班，还是骑自行车上下班”。将年龄、月收入、性别 3 个变量作为潜在影响因素，出行方式为 y，因变量 $y=1$ 表示主要乘坐公共汽车，$y=0$ 表示主要骑自行车，进行逻辑回归分析。建立模型前，需要对数据进行相关性检验，筛选对出行方式有显著影响的因素（年龄、月收入、性别）作为特征变量带入模型，然后计算年龄、月收入、性别 3 个因素与出行方式的回归方程。

降维分析

随着互联网技术的不断发展，数据日益呈现出规模大、维度高、结构复杂等特性。例如，电商平台会搜集我们在其平台上购买、点击、浏览等数据，智能手机的各种 APP 会收集我们的大量个人信息。如何充分利用海量数据，挖掘其中有价值的知识和内容以指导实际生产，是科研人员、工程技术人员及各层管理者所研究和关注的焦点。数据降维能够降低数据的复杂度，加快算法执行的速度，同时也能提高分析模型的性能。

降维分析的特点是将数据集从较多的维度通过空间映射的方法变为较少的维度，从而达到减少计算量或揭示变量间关系的目的。有的降维算法将数据中的原始信息全部保留，有的降维算法涉及了部分原始信息；有的降维算法使用线性方法，有的降维算法使用非线性方法；有的降维算法适用于连续变量，有的降维算法适用于分类变量。总之，降维分析因问题和数据特征的不同而多种多样。本书主要介绍线性降维分析方法和非线性降维分析方法。

在线性降维分析方法中，因子分析和主成分分析是常用的两种变量降维的方法。主成分分析是将主要成分表示为原始观察变量的线性组合，而因子分析是将原始观察变量表示为新因子的线性组合。由于因子分析可以使用因子轴旋转技术帮助解释因子，因此它在解释方面更加有优势。大致说来，当需要寻找潜在的因子，并对这些因子进行解释的时候，我们更加倾向于使用因子分析。例如，关于工作满意度有 14 个问题，调研得到 215 份问卷结果。研究者希望通过因子分析，用少量因子反映 14 个题目的信息，从而达到降低维度、便于分析的目的。通过因子分析，研究者得到 4 个因子，分别命名为 $F1$“工作报酬”、$F2$“领导管理”、$F3$“工作环境”、$F4$“个人发展”。因子数量更少，但携带的信息基本一致。

而如果想把现有的变量变成少数几个新的变量（新的变量几乎带有原来所有变量的信息）来进入后续的分析，则可以使用主成分分析。主成分分析主要是一种探索性的技术，可以同聚类分析和判别分析一起使用，帮助我们更好地进行多元分析，特别是当变量很多、数据样本量少时，一些统计分析方法可能不能很好地进行分析，这时候可以使用主成分分析对变量进行降维。例如，在进行图像识别时，通过主成分分析，我们可以用更少的维度特征对图像进行识别，从而快速地进行图像的识别和后续的分类分析等。

线性方法如主成分分析、对应分析、多重对应分析、经典多维尺度分析（也被称为主坐标分析）等方法，常用于保留数据的整体结构。这些方法通过对原有特征变量进行线性组合来实现降维，其本质是将数据投影到一个低维的线性子空间，其优点是方法简单、计算容易。但如果原始数据无法表示为特征的线性组合，则很难使用线性降维方法，这时就需要使用非线性降维方法，如核主成分分析、非度量多维尺度分析、等度量映射、扩散映射，以及包括 t 分布随机邻域嵌入在内的一些邻近嵌入技术，它们更适合于表达数据局部的相互作用关系。

模式识别

人类的学习似乎总是从认识对象开始的，例如我们见到一个东西之后，通常就会下意识地给其归类：是动物还是植物，属于哪一门纲目科属，是否可以药用，是否有果实，花朵是否漂亮，是否有毒……。这一大串归类构成了人们对于这种事物的整体认知。这就是人类对于模式的识别。

模式（pattern）有两重意思：第一，代表事物（个体或一组事物）的模板或原型；第二，表征事物特点的特征或性状的组合。在模式识别学科中，模式可以看作对象的组成部分或影响因素间存在的规律性关系，或者是因素间存在确定性或随机性规律的对象、过程或事件的集合。其作为一门学科，研究的不是人类进行模式识别的神经生理学或生物学原理，而是如何通过一系列数学方法让机器（计算机）来实现类似人的模式识别能力。那究竟什么是模式识别？它指的是，对表征事物或现象的各种形式的信息进行处理和分析，从而达到对事物或现象进行描述、辨认、分类和解释的目的。

模式识别从19世纪50年代兴起，在20世纪70—80年代风靡一时，是信息科学和人工智能的重要组成部分。它主要被应用于图像分析与处理、语音识别、声音分类、通信、计算机辅助诊断、数据挖掘等方面。但是，在模式识别中，机器似乎并不如人们所预料的那样“智能”。这种经由人为提取特征后交给机器，然后让机器去判断其属性的工作流程就像是按图索骥，按照这种方法，虽然有可能找到一匹真正的汗血宝马，但是也有可能找回一只哈巴狗。

模式识别可以分为有监督的模式识别和无监督的模式识别。有监督的模式识别是指用一组已知类别的样本作为训练集，建立数学模型，再用已建立的模型对未知样本进行判别，以确定未知样本应归属的类别，也称为判别学习。人类从小就被大人们教授这是鸟，那是猪，那是房子，等等。我们所见到的景物就是输入数据，而大人们对这些景物的判断结果（是房子还是鸟）就是相应的输出。当我们见识多了以后，脑子里就慢慢地得到了一些泛化的模型，这就是训练得到的那个（或者那些）函数，这些模型使我们不需要大人在旁边指点，也能分辨得出来哪些是房子，哪些是鸟。有监督的模式识别的典型方法有贝叶斯决策法、判别函数法、邻近法、决策树法等。

例如，人们运用贝叶斯决策法对鱼进行分类。使用光学传感器对传送带上的鱼根据种类进行分拣时，首先需要对来自传感器的原始图像数据进行预处理，给出训练样本或手工分类；再分离每条鱼的图像，从每条鱼中抽取特征，如长度、宽度、亮度、鱼鳍数目等；最后根据特征确定每条鱼所属的类别。再例如，商家通过人的年龄、收入、性别、是否为学生、信用评级等变量，运用决策树算法，利用一定训练样本，从数据中“学习”出决策规律，判别顾客是否会买电脑。

无监督的模式识别是指根据类别未知（没有被标记）的训练样本解决模式识别中的各种问题。它与有监督的模式识别的不同之处，在于我们事先没有任何训练样本，需要直接对数据进行建模。这听起来似乎有点不可思议，但是在我们自身认识世界的过程中，也经常用到无监督的模式识别。比如我们去参观一个画展，即便对艺术一无所知，在欣赏完多幅作品之后，也能把它们分成不同的流派。无监督的模式识别的典型方法就是聚类。

例如“鸡尾酒会问题”，该问题是在计算机语音识别领域的一个问题。当前语音识别技术已经可以以较高精度识别一个人所讲的话，但是当说话的人数为两人或者多人时，语音识别率就会极大地降低，这一难题被称为“鸡尾酒会问题”。无监督的模式识别是解决这个问题的一种很好的方法。算法不会提前知道声音是谁的，只是接收到了几段声音，通过聚类的方式，把不同讲话人的声音分离出来。

基于数据的预测与决策

大数据时代的核心——预测分析已在商业和社会中得

到广泛应用。随着越来越多的数据被记录和整理，未来预测分析必定会成为所有领域的关键技术。

——埃里克·西格尔《大数据预测》(2014)

为什么大数据可以成为“预言家”

大数据的核心应用是预测，大数据预测是基于大数据和预测模型去预测未来某件事情的概率。大数据预测的优势体现在它把一个非常困难的预测问题，转化为一个相对简单的描述问题，而这是传统的小数据集根本无法企及的。让分析从“面向已经发生的过去”转向“面向即将发生的未来”是大数据预测与传统数据分析的最大不同。从预测的角度看，大数据预测所得出的结果不仅仅是处理现实业务简单、客观的结论，更能用于帮助企业经营决策。通过规划使用大数据预测中收集起来的资料，企业可以开发更大的消费力量。最常见的应用案例便是“预测股市”“预测流感”“预测消费者行为”等。

大数据预测的逻辑基础是，每一种非常规的变化事前一定有征兆，每一件事情都有迹可循，如果找到了征兆与变化之间的规律，就可以进行预测。数据挖掘则是通过事件的表象发现隐藏在背后的蛛丝马迹，从而找到潜在的规律，以及看似无关事物之间背后的联系，用此来洞察未来。

在过去，人们的决策主要依赖结构化数据，而大数据预测则可以利用非结构化数据来做决策，拓展了可利用数据的范围。与小数据时代相比，大数据预测的思维发生了三大改变：利用实样而非抽样、追求预测效率而非精确、关注相关关系而非因果关系。

利用实样而非抽样

在小数据时代，由于缺乏获取总体数据的手段，人们发明了“随机抽样调查”的方法。理论上，抽取样本越随机，样本就越能代表总体。但问题是获取一个随机样本的代价极高，而且很费时。人口调查就是一个典型例子：一个国家很难做到每年都完成一次人口调查，因为随机调研实在太耗时耗力。云计算和大数据技术的出现，使得较简便地获取足够大的样本数据乃至总体数据成为可能。

追求预测效率而非精确

小数据时代由于使用抽样的方法，所以在对数据样本的具体运算上需要非常精确，否则就会“差之毫厘，失之千里”。例如，从1亿人口中随机抽取1000人进行人口调查，如果在1000人的运算中出现错误，那么放大到1亿人中时，偏差将会很大。但在全样本的情况下，有多少偏差就是多少偏差，不会被放大。在大数据时代，快速获得事情大概的轮廓和发展脉络，比精确性要重要得多。有时候，当我们掌握了大量新型数据时，精确性就不那么重要了，因为我们仍然可以掌握事情的发展趋势。大数据基础上的简单算法比小数据基础上的复杂算法更加有效。数据分析的目的并非数据分析本身，而是用于决策，故而分析效率也非常重要。

关注相关关系而非因果关系

迈尔－舍恩伯格在《大数据时代》里说：“要相关，不要因果。”（迈尔－舍恩伯格，库克耶，2013）为什么在大数据时代，有相关就够了？我们的思维习惯更倾向于寻求事物之间的因果关系。例如，我为什么会迟到？原因是我今天起床晚了。可是，晚起可能只是迟到的原因之一，还有其他因素影响，例如堵车、天气、意外等。因此，我们会发现探求“是什么”比“为什么”更能了解事物及其之间的联系。相关关系不仅能为我们提供新的视角，且提供的视角都很清晰。而当把因果关系考虑进来时，一些视角就有可能被掩盖。在大多数情况下，一旦我们完成了对大数据的相关关系分析，而又不再满足于仅仅知道“是什么”时，我们就会继续向更深层次研究因果关系，找出背后的“为什么”。大数据推动了相关关系分析。相关关系分析在通常情况下能取代因果关系发挥作用，即使不可取代，它也能指导因果关系发挥作用。

大数据实现了哪些预测

以前，你经常去家附近的同一家鲜花店，跟店主非常熟，店主对你也非常了解，你进门之前，她就把你喜欢的鲜花准备好了。当你付钱时，她会问你还有什么新的需求，以便为你提供更好的“个性化服务”。现在，你在电商平台买鲜花，即使你从不与电商客服聊天，他们也会根据你的喜好为你提供出色的个性化服务。那么，这种个性化服务的核心是什么？那就是成功预测到你的需求。大数据已在医疗、气象、防灾减灾、交通、旅游、娱乐、体育等领域实现了精准预测。

案例一：新冠肺炎疫情预测

2020年，新冠肺炎疫情在全球暴发，世界各国都陷入疫情当中。如何利用大数据预测疫情的发展，提出有效的应对策略，是所有国家政府和民众关注的焦点。在美国，当大多数的目光都投向了2家专业机构时，它们却给出了天差地别的预测结果：伦敦帝国理工大学预测，2020年夏天，美国因新冠病毒死亡的人数将达到200万；西雅图健康指标与评估研究所预测，到2020年8月，美国因新冠病毒死亡的人数将达到6万。如此大差异的预测数据引起了年仅26岁的华裔青年顾悠扬（Youyang Gu）的注意。

虽然顾悠扬没有任何医学或流行病理学方面的经验，但他坚信，数据预测在此时会派上大用场。在建立新冠死亡预测模型时，他起初考虑了确诊数量、住院数量和其他因素之间的关系，然后发现各州和联邦政府报告的数据不一致，最可靠的数字是每天的死亡人数。顾悠扬认为，如果输入数据质量很低，那么数据越多，输出的性能就越差。于是，他只将过去死亡人数作为唯一输入，这样有助于在噪声中过滤信号，最终建立了预测模型。模型预测的结果相当准确，越来越多人开始关注他的工作。

谷歌近几年热衷于推出各种稀奇古怪的模型，久负盛名的有谷歌人工智能“死亡预言”预测死亡时间模型、谷歌票房预测模型和谷歌CTR（点击通过率）模型。面对全球新冠肺炎的肆虐，谷歌和哈佛大学联手推出了新冠预测模型。谷歌的研究专家结合新的时间序列机器学习方法和内嵌流行病理学的人工智能来开发模型。通过精心设计模型，在公共数据上反复试验，他们搭建了一个框架，研究人员可以在框架里深入研究各种数据关系并解释他们基于数据做出的预测，预测未来14天内美国境内各州县的新冠肺炎发展情况，包括确诊病例数、死亡人数、重症监护室使用率、呼吸机可用性及其他指标。

案例二：灾害灾难预测

由于苦荞有着卓越的营养保健价值和非凡的食疗功效，它的市场需求越来越大。但是天气对苦荞产量有巨大影响。因此苦荞产地的人们有必要做好荞麦生产的灾害预防工作，减少霜冻、洪涝、干旱等极端天气造成的影响，尽可能减少经济损失。有研究者采用Soikit-Learn的线性回归模型以及Spark算法预测天气，以数据可视化的方法呈现预测结果，从而降低天气对苦荞产量的影响。

过去的数据收集方式有存在死角、成本高等问题，物联网时代可以借助传感器、摄像头和无线通信网络，进行实时的数据监控收集，再利用大数据预测分析，做到更精准的自然灾害预测。除了进行短时间微观的天气、灾害预测之外，还可以进行更加长期和宏观的环境和生态变迁预测。森林和农田面积缩小、野生动植物濒危、海岸线上升、温室效应这些问题是地球面临的“慢性问题”。人类知道越多地球生态系统以及气候变化的数据，就越容易对未来环境的变迁建模预测，进而阻止不好的转变发生。而大数据帮助人类收集、储存和挖掘更多的地球数据，同时还提供了预测的工具。

案例三：个性化生活服务预测

在德国，政府通过电网每隔5分钟或10分钟收集一次数据，可以预测客户的用电习惯等，从而推断出在未来2—3个月时间里，整个电网大概需要多少电。有了这个预测后，就可以向供电企业购买一定数量的电。因为电量像期货一样，如果提前买就会比较便宜，买现货就比较贵。通过这个预测，可以降低采购成本。

美国一名男子闯入他家附近的一家零售连锁超市进行抗议："你们竟然给我17岁的女儿发婴儿尿片和童车的优惠券！"店铺经理立刻向来者承认错误，但是其实该经理并不知道这一行为是总公司运行数据挖掘的结果。1个月后，这位父亲来道歉，因为这时他才知道他的女儿的确怀孕了。超市比这位父亲足足早了1个月知道他女儿怀孕的消息。超市能够通过分析女性客户购买记录，"猜出"哪些是孕妇。超市从数据仓库中挖掘出25项与怀孕高度相关的商品，制作"怀孕预测指数"。比如，他们发现女性会在怀孕4个月左右大量购买无香味乳液，以此为依据推算出预产期后，就抢先一步将孕妇装、婴儿床等优惠券寄给客户来吸引客户购买。

案例四：旅游、交通情况预测

景区客流量的预测精度直接影响景区管理水平高低。当前景区客流量预测模型的建模效果差，而且耗时比较长。为了获得理想的景区客流量预测结果，有研究者结合景区客流量的变化特点，设计了基于大数据分析的景区客流量预测模型。研究者首先对当前景区客流量的预测进展进行分析，找到景区客流量预测的各种不足。然后，研究者收集一段时间的景区客流量数据，对景区客流量的季节性和随机性变化特点进行建模，得到景区客流量预测结果。最后，研究者用新模型与经典预测模型进行了对照测试发现，相对于经典模型，大数据分析的景区客流量拟合和预测精度均得到了一定的改善，同时景区客流量的建模效率得到了提升，可以为景区管理人员提供更有价值的信息，从而提高景区客流量的管理水平。

交通行为预测是指基于用户和车辆的定位数据，分析人车出行的个体和群体特征，进行交通行为的预测。交通部门可通过预测不同时段、不同道路的车流量，来进行智能的车辆调度，或应用潮汐车道。用户则可以根据预测结果选择拥堵概率更低的道路。

案例五：体育赛事和文化娱乐预测

2014年世界杯期间，谷歌、百度、微软和高盛等公

司都推出了比赛结果预测平台。谷歌的世界杯预测是基于Opta体育数据公司的海量赛事数据来构建最终的预测模型的。百度则是通过搜索过去5年内全世界987支球队（含国家队和俱乐部队）的3.7万场比赛数据进行预测。百度的预测结果最为亮眼，全程64场比赛的预测准确率为67%，进入淘汰赛后的准确率为94%。

大数据预测的精准营销作用尤其反映在电影领域，挖掘精准人群的意义更加非同一般，因为电影有着非常鲜明的风格类型划分，不同类型的影片面向的是截然不同的受众群体，他们的兴趣偏好有着天壤之别。大数据分析公司在定位到电影受众之后，挖掘受众在想什么、聊什么，这就为电影的内容策划提供了很多数据支持。有科技公司分析了郭敬明粉丝、《小时代》小说及系列电影受众共计3000万个用户，通过数据挖掘描摹出一个基本的画像：女性为主体受众，在地域分布上偏南方，黄河以南省份居民占70%以上，年龄层主要集中在“90后”。大数据除了对电影内容提供数据支持外，还在演员选角上发挥重要作用。演员对于一部电影的重要性不言而喻。以往演员人选的决定权掌握在导演和制片人手里，一般是凭借他们的经验和个人好恶来决策。然而，这是一个票房说了算的时代，受众的喜好变得越来越重要，大数据可以根据受众喜好来更加理性地评估演员，为电影成功更添一分助力。

三　数据挖掘在教育领域中的应用

教育数据挖掘的发展概览

数据挖掘支持教育变革的路径探索

现代信息技术对教育的影响日益加深。美国国家研究理事会于2000年出版的《人是如何学习的：大脑、心理、经验及学校》（*How People Learn*：*Brain*，*Mind*，*Experience*，*and School*）中提到，新技术在学习领域中主要发挥五个方面的关键作用：（1）把令人激动的、基于真实世界的问题引入课程；（2）提供促进学习的支架和工具；（3）给学生和教师提供更多的反馈、反思和修改机会；（4）建立包括教师、管理人员、学生、家长、实践科学家和其他有兴趣的人在内的本地共同体和全球共同体；

（5）拓展教师学习的机会（Bransford et al.，2000：185）。而在2018年，美国国家科学、工程与医学院又推出了《人是如何学习的Ⅱ：学习者、境脉与文化》（*How People Learn II*：*Learners*，*Contexts*，*and Cultures*），认为“技术能以多种方式支持各种社会文化境脉的学习”，具体体现在“技术具有支持不同类型学习的给养特性”，“技术的给养特性与学习的目标和类型一致，是用技术学习的关键”，以及“技术在支持主动学习方面潜力极大”（王美 等，2019）。

近十年以来，在应用信息技术支持教育的发展与创新方面，教育数据挖掘成为热点话题。相关政策文件的陆续出台更催化了教育数据挖掘的进一步发展。如我国教育部于2020年印发了《2020年教育信息化和网络安全工作要点》，强调要加快实施数字校园规范建设行动，稳步推进智慧教育创新发展行动，大力实施信息素养全面提升行动，强化教育信息化支撑保障措施。西方国家如美国在2012年发布了《通过教育数据挖掘和学习分析促进教与学》报告，解读了个性化学习以及教育数据挖掘和学习分析，介绍了自适应学习系统中的大数据应用、美国教育数据挖掘和学习分析应用案例，并对美国的大数据教育应用挑战和实施提出了意见（Bienkowski et al.，2012）。该报告认为，应当将教育数据挖掘作为学习分析的重要工具与手段，以促进学校教育的发展。东亚国家如日本也在2014年发布了《大数据时代的人才培养》倡议。地区和国际组织如欧盟在2014年提出将大数据技术列入欧盟未来新兴技术行动计划之中。由此可见，教育数据挖掘不仅成为各国教育改革的重要内容，也成为支持与推进国家教育发展的重要工具之一。

表 3-1 对不同层面的教育数据应用内容与目的进行了归纳。本章将从微观、中观与宏观三个层面出发，对教育数据挖掘的具体实践应用进行介绍与解读。

表 3-1 教育数据挖掘在不同层面的应用

应用层面	应用者	数据应用内容与目的
微观层面	教师	评估学生的需求、优势、进步和表现； 提升和改进教学指导； 了解专业优势和不足
中观层面	学校	评估教职工和学生的需求、优势、进步和绩效； 制定和评估学校计划、目标和目的； 监控学校实践、计划和政策的实施； 监测和报告学校表现
宏观层面	地区 / 国家教育行政机关	制定和修订地区课程、标准、计划、目标和目的； 监控地区实践、计划和政策的实施与影响； 监控地区范围内的学生成绩与教育质量； 监督人力资源流动； 评估项目实施和影响； 制定和修订地区 / 国家标准、课程和目标

资料来源：改编自 GILL B，BORDEN B C，HALLGREN K. A conceptual framework for data-driven decision making[R]. Final Report of Research conducted by Mathematica Policy Research，Princeton. Seattle，WA，2014.

国际教育数据挖掘协会将教育数据挖掘定义为“一门新兴学科”，它是多门学科之间的交叉与融合，包括计算机科学的数据搜集与挖掘、统计学中的统计方法与数据处理，以及教育学中的学习理论与教学理论等等。它涉及开发方法来探索来自教育环境的独特类型的数据，并使用这些分析方法更好地理解学习。近些年来，数据分析工具的复杂性和易使用性使得越来越多的教育研究人员可以应用数据挖掘方法，来分析教育实践中的问题，如挖掘课程内容、分析学生学习行为、分析教师教学策略等等。

教育数据挖掘早期的工作大多只能在教学系统中进行，而学习分析的许多研究始于基于网络的电子学习以及学习环境。近些年来，教育数据挖掘与学习分析技术已经被广泛应用于教育实践之中，帮助教育研究者、一线教师以及学校管理者实现了多维度的数据资料分析。目前，教育数据挖掘的发展趋势主要表现为以下三个方面。

课堂教学的实践应用

这类实践应用大多发生在学校教育之中，搜集的数据多来源于真实的课堂教学，旨在帮助课程管理者和教育者分析学生的学习活动并灵活使用数据进行分析，从而实现维持和改进课程、预测学生成绩和学习质量、形成学习者模型等等目标。这类实践应用最常用的方法是通过学习过程挖掘和统计分析，形成可视化的数据报告，为教育实践者提供教学改进依据。

在线学习的实践应用

这类实践应用包括计算机游戏系统的开发、在线学习平台的建设（通过各类在线教育平台，如慕课、网易公开课、可汗学院等，支持学生的自主学习与拓展学习）、计算机支持的协作学习［学习者在计算机网络技术的支持下，组成学习共同体，并在共同活动与交互中协同认知、交流情感、培养协作技能，以提高学习成绩（彭绍东，2010）］、虚拟学习（虚拟学习资源、虚拟仿真实验室等）等等。这类实践应用通过在线学习平台的开发与建设，搜集并追踪学生个体与集体的学习数据，从而分析学生的学习质量，并为学生提供个性化的学习服务。

学校管理与教育决策的实践应用

第三个趋势是通过大数据平台，改进学校管理并为教育决策提供科学、全面和丰富的数据资源与支持，如智慧校园的建设、校园数字化生态建设以及相应的信息化组织管理体系方面的建设等等。基于大数据平台的信息搜集与分析，能够帮助管理者和教师掌握最新动态，从而助力学校管理和教育决策走向科学化和智能化。

近些年来，尤其是自 2015 年以来，关于教育数据挖掘的研究呈现出爆发式的增长，这意味着基于数据支持的教育研究及实践应用成为当下的热点。表 3-2 展示了近几年来教育数据挖掘的热门主题。

表 3-2　教育数据挖掘的热门主题

主题	描述
分析教育理论	分析学习理论和学习分析（教育数据挖掘 / 学习分析）如何整合到教育研究中
分析教学策略	分析和探讨教学策略与教育数据挖掘 / 学习分析技术的应用及其效果
分析编程代码	应用教育数据挖掘 / 学习分析技术，重点分析编程课程、编程作业 / 提交的代码等
协作学习和团队合作	分析团队合作学习，预测团队在全部团队中的成绩
课程挖掘 / 分析	对课程结构、课程评分、课程行政管理数据进行分析，以提高课程开发及课程实施的质量等

续表

主题	描述
仪表板和视觉学习分析	应用可视化技术来探索和了解在线学习中收集的相关用户轨迹，并改善学生的学习
深度学习	将多层加工单元的神经网络体系结构应用于教育数据挖掘 / 学习分析研究领域
发现因果关系	在教育数据集中寻找属性之间的因果关系
早期预警系统	尽早预测学生的表现和有风险的学生，以便及早干预，促进学生的成功
情感学习分析	研究学习过程中的情感以及情绪对学习的重要性
评估干预的效果	评估干预的效果、数据驱动的学生反馈以及可操作的建议等
以工程方法为特色	使用机器学习技术自动构建属性或学生特征
游戏学习分析	将数据挖掘和可视化技术应用于游戏中的玩家互动
可解释的和解释性的学习者模型	开发可解释的、具有解释性的、可用的和高度可理解的精简模型
外语学习	运用教育数据挖掘 / 学习分析技术提高外语学习水平
测量自主学习	应用教育数据挖掘 / 学习分析技术测量学生的自主学习特征和行为
多渠道学习分析	应用机器学习和传感器技术，提供跨情境的新型学习洞察
组织学习分析	研究学习分析技术在课堂层面应用过程中发挥的作用、对实践的影响等
提供个性化的反馈	自动或半自动生成个性化反馈，以支持学生的学习
情感的发现	自动识别学习者和学习资源的潜在态度、情感和主体性
转换学习	发展可转换或适用于其他相似课程 / 机构的模式
理解导航路径	从电子学习系统记录的事件日志中发现与流程相关的知识和导航学习
写作分析	将文本挖掘和分析工具应用于来自论坛、聊天、社交网络、评估、论文等的文本数据

资料来源：译自 ROMERO C， VENTURA S. Educational data mining and learning analytics: an updated survey[J]. Wiley Interdisciplinary Reviews: Data Mining and Knowledge Discovery，2020(3)：e1355.

教育数据挖掘的技术与工具

教育数据挖掘常用技术与方法

目前在教育数据挖掘领域中，主要有以下几种通用的技术与方法：因果挖掘、聚类分析、模型探索、数据提炼、知识追踪、非负矩阵分解、异常检测、预测、过程挖掘、关系挖掘等等（如表3-3所示，部分技术与方法参见本书第二章）。这些数据挖掘技术多用于智能教辅系统或在线学习平台，如知识追踪方法的一般思想为“给定学习者在含有某特定知识点的一组学习任务上的正误序列 x_1，x_2，…，x_t（t 为回答问题的次数），预测学习者下一次答题正误 x_{t+1}

表3-3　教育数据挖掘常用的方法

方法	目标	关键应用
因果挖掘	找出因果关系或识别数据中的因果效应	发现哪些行为特征导致学生学习或学业失败、辍学等等
聚类分析	识别由类似结果组成的类	根据学习和互动模式，对相似的材料或学生进行分组
模型探索	使用针对某一现象的经过验证的模型，进行另一次分析	识别学生行为与特征或情境变量之间的关系；将心理建模框架应用到机器学习模型中
数据提炼	使用摘要、可视化和交互界面，以可理解的方式表示数据	帮助教育者形象化和分析学生正在进行的活动，以及对信息的运用
知识追踪	根据学习者在多个历史学习任务上的正误序列来预测对学习任务所含知识点的掌握概率，以实现对学习者知识掌握状态的动态追踪（张暖，江波，2021）	随着时间的推移监控学生对知识的掌握状态

续表

方法	目标	关键应用
非负矩阵分解	用学生测试结果数据定义正数矩阵，这些数据可分解为测试题目矩阵和学生技能掌握矩阵	评估学生的技能
异常检测	指出明显不同的个体	探测有困难或学习过程不规律的学生
预测	从其他变量的组合中推断目标变量，分为分类、回归和密度估计等预测方法	预测学生的表现与探测学生的行为
过程挖掘	从事件日志中获取流程的知识	用学生在教育系统中的进步轨迹来反映学生的行为
提供建议	预测用户对某个项目的评价或偏好	就学生的活动或任务、访问链接、要解决的问题或课程等向学生提出建议
关系挖掘	研究变量之间的关系和编码规则，联系规则挖掘、序列模式挖掘、关联挖掘和因果数据挖掘是其中的主要类型	识别学习者行为模式中的关系，并诊断学生面临的困难
数据统计	计算描述性数据和推断性数据	分析、解释教育数据以及从中得出结论
社会网络分析	分析网络信息中实体间的社会关系	解释合作活动中的结构和关系以及与沟通工具之间的互动
文本分析	从文本中提取高质量信息	分析论坛、讨论、网页与文件的内容
可视化	以图形呈现数据	对数据进行可视化，将教育数据挖掘 / 学习分析的研究结果传达给教育工作者

资料来源：译自 ROMERO C， VENTURA S. Educational data mining and learning analytics: an updated survey[J]. Wiley Interdisciplinary Reviews: Data Mining and Knowledge Discovery，2020(3)：e1355.

的概率，并以此估计学习者的知识点掌握状态”（张暖，江波，2021）。在具体的实践应用中，这类方法往往长期监控着学生知识学习的轨迹与发展，如贝叶斯知识追踪被广泛应用于智能教辅系统和慕课平台。

教育数据挖掘常用资源库

教育数据挖掘资源一般包括两大类，一类是个体或团体自主开发的用于数据搜集与挖掘的工具（见表 3-4），另一类则是可以从互联网上免费下载的公共数据集（见表 3-5）。

表 3-4　教育数据挖掘 / 学习分析工具

工具名称	介绍
DataShop	匹兹堡学习科学中心的 DataShop 是一个庞大的关于学生使用教育软件的公共数据库。它既提供了一个中心数据库以保护和存放研究数据，也提供了一系列分析与报告工具
GISMO	图形交互式监控工具，可以为教育者提供有效可视化手段，以反映学生在在线课程中的活动
Inspire	Moodle 分析接口可以提供具有描述性和预测性的分析引擎，用以构建机器学习后端程序
LOCO-Analyst	该工具旨在为教师提供基于网络学习环境的学习过程及相关方面的反馈
Meerkat-ED	该工具旨在分析学生参加有计算机支持的协作学习课程时的活动
MDM Tool	在 Moodle 2.7v 环境下提供了一些数据挖掘技术的框架
Performance Plus	提供强大的分析工具软件包，以帮助管理者、教育者以及学习者节省大量时间，最大限度地发挥影响并推动成功
SNAPP	帮助用户对论坛帖子与回复所产生的交互网络进行可视化

续表

工具名称	介绍
Solutionpath StREAM	利用预测模型从各方面确定学生参与度的实时系统

资料来源：译自 ROMERO C， VENTURA S. Educational data mining and learning analytics: an updated survey[J]. Wiley Interdisciplinary Reviews: Data Mining and Knowledge Discovery，2020(3)：e1355.

表 3-5 教育数据挖掘 / 学习分析公共数据集

名称	简介及用途
ASSISTments Competition Dataset	数据挖掘者可以利用真实世界的教育数据来预测重要的纵向结果
Canvas Network dataset	提供开放课程（2014 年 1 月至 2015 年 9 月）和相关文档
DataShop	匹兹堡学习科学中心的数据仓库提供了一个中央存储库，用于保护和存储研究中心的数据以及一套分析和报告工具
Educational Process Mining Dataset	获取学生在数字电子课程的六次实验课期间的活动时间序列及其日志
Harvard Dataverse	Harvard Dataverse 存储库是一个免费的数据存储库，向哈佛社区内外的所有学科的所有研究人员开放。研究者可以在其中共享、存档、引用、访问和探索研究数据。每个单独的 Dataverse 集合都是用于组织、管理和展示数据集（或虚拟存储库）的可自定义集合
KDD Cup 2010 Dataset	从学生与智能教辅系统互动的日志中预测学生面对数学问题的表现与挑战
Learn Moodle Dataset	Moodle 是一个学习平台，旨在为教育者、管理者和学习者提供一个强大、安全、集成的系统，以创建个性化的学习环境
MOOC-Ed Dataset	在面向教育者的两个慕课产品的用户之间发生的交流 (MOOC-Eds)
NUS Multisensor Presentation Dataset	包含在多传感器环境中被记录的真实世界的演示

续表

名称	简介及用途
Open University Learning Analytics Dataset	包含有关课堂和学生的数据以及他们在 7 个选定的课程中与 Moodle 的交互数据
Student Performance Dataset	包含两所葡萄牙学校的中等教育学生的成就数据
xAPI-Educational Mining Dataset	来自 Kalboard 360 电子学习系统的学生学习成绩数据集

资料来源：译自 ROMERO C， VENTURA S. Educational data mining and learning analytics: an updated survey[J]. Wiley Interdisciplinary Reviews: Data Mining and Knowledge Discovery，2020(3): e1355.

第一类教育数据挖掘资源库常常由公司或高等教育机构提供。以匹兹堡学习科学中心开发的 DataShop 为例。该数据库为计算机科学家、认知科学家、教育心理学家、课程开发人员、教育数据挖掘者、心理学家、学习分析人员等提供可视化的数据资料和分析工具。例如，该数据库能够为课程开发人员“分析试验过程中的数据”“测试教学原则”“测试动机理论”等等，以帮助课程开发人员分析相关课程或教学理论的有效性如何。图 3-1 展示了该数据库为课程开发者提供的关于“测试动机理论”方面的数据。

第二类教育数据挖掘资源库大多为免费公共数据库。如 ASSISTments 平台由内尔·赫弗南（Neil Heffernan）和克里斯蒂纳·赫弗南（Cristina Heffernan）于 2003 年开发，旨在通过数据分析支持更加有效的学习与教学。该平台为学习者提供了免费开放的教育资源，并为研究者提供了相关研究团队的最新研究成果，等等。

我国也有一些教育数据挖掘公共数据库，如“中国教

测试动机理论

许多研究人员已经找到了从日志数据中检测学生动机或情感状态的聪明方法。见下面Baker的论文和相关数据集。还有一些人进行了实验，比较了不同的教学方法，旨在提高学生的参与度或积极性（例如，参见McLaren等人的论文）。许多有趣的悬而未决的问题仍然存在，例如，数据中的时间间隔是表明学生在深思熟虑还是表明他们在走神。

隐藏相关的数据集和论文

点击可下载
相关资料

数据集	论文
代数I 2005-2006（仅适用于sch 5a9ce22a）	智能辅导课程与脱离任务（off-task）之间的差异
	鼓励和阻止“游戏系统”的教育软件
辅助数学2005-2006（3136名学生）	为什么学生参加“游戏系统”：交互式学习环境中的行为
中学游戏系统（2所学校，4节课）2002-2005v1	在辅导课程中对游戏系统进行概括检测
	智能教学系统中学生任务外行为的建模与理解
	为什么学生参加“游戏系统”：交互式学习环境中的行为
	开发一个通用的学生游戏系统检测器
	检测学生对智能教学系统的误用
匹兹堡学习科学中心化学计量学研究1	认知辅导课堂中的任务外行为：当学生运用“游戏系统”时
	基于网络的智能家教中个性化语言和范例的效果研究
REAP ELI阅读4 2006年春季	根据主题选择阅读文章的词汇，以提高内在动机

图 3-1　DataShop 为课程开发者提供的“测试动机理论”的数据

资料来源：译自匹兹堡学习科学中心开发的 DataShop 网页：https://pslcdatashop.web.cmu.edu/ResearchGoals?typeId=3#rg_6。

育追踪调查”（China Education Panel Survey，CEPS），是由中国人民大学中国调查与数据中心设计与实施的大型追踪调查项目，在全国范围内抽取 112 所学校、438 个班级、约 2 万名学生作为调查样本，调查对象包括学生、家长、教师及校领导。CEPS 旨在揭示家庭、学校、社区以及宏观社会结构对于个人教育产出的影响，并进一步探究教育产出在个人生命历程中发生作用的过程，为相关学术研究及政策制定提供具有全国代表性的多层次基础数据支持。

此外，还有“教育测评网”，该网站由一批热爱教育事业，有着多年教育管理和教育评价业务经验，熟知教育统计学、教育测量学、教育评价学和心理学等专业知识，在数据挖掘方面享有盛誉的专业人士，以及省、市、区县、名校教育测评专家共同打造完成。该网站采用云端数据处理技术，软件即服务（SAAS）模式，用户通过Web方式可随时随地上传数据，进行自主统计，并实时获取需要的分析结果。该平台旨在：深度挖掘考试数据，实现科学、合理与公正的评价；贯彻科学评价思想，树立正确评价导向；提高教学水平，改善教研质量，促进学生学业、综合素质和创新能力等全面发展；突破教育瓶颈，全面改善和提高地方教育质量；等等。

教育数据挖掘的未来展望

数据挖掘在教育实践中发挥着巨大的作用与价值，其复杂而丰富的数据分析技术与系统能够辅助研究者收集和分析学生数据、发现这些数据中的趋势和模式，并支持研究者对学生的学习行为做出预测。对于教育者来说，大数据支持下的常规教育体系，有助于分析学生的学习进展与表现，从而为不同的学生提供个性化的教学方式与学习内容，在一定程度上改变了传统的“教师中心”的教学模式。总体而言，数据挖掘在教育实践应用中主要有以下重要作用。

- 提升教学质量：通过学习与教学行为分析，诊断学习问题与困难，提升学生的学业成绩。
- 支持学生个性化学习：数据能够帮助学生与家长确定符合自己需求的最佳学校或学习方式。

- 支持学生未来就业发展：通过数据分析，提升学生未来所需的工作技能。
- 促进教育公平。
- 提升教育管理的效率。

但是，在教育中使用大数据分析也面临着许多的挑战，如这些技术的成本可能较高，一些经济不发达地区的学校可能无法承担使用这些技术工具的费用。此外，数据搜集还涉及隐私问题与伦理问题，当在学校内部进行数据搜集、外包大数据解决方案或者将大数据发送给第三方时，数据安全和隐私保护可能成为问题。

尽管教育数据挖掘在近些年来呈现出迅猛增长的趋势，且为学习者、教师、教育工作者都带来了新的学习、教学与管理方式，但是我们也应该看到大数据支持下的学习分析的不足与缺陷。因此，作为教育工作者，我们必须理性地考虑数据分析可以帮助我们解决哪些问题。对于教育数据的挖掘，还应当思考数据分析结果的信度与效度、可解释性、可迁移性等问题。

教育数据挖掘在课程教学与学习领域中的应用

教育数据挖掘在课程教学与学习领域的应用主要可以分为两大类：一类是为学生提供学习支持的在线学习平台与工具，这类应用往往通过在线学习的方式搜集并分析学生的学习状况，为学生提供个性化的学习内容与资源；另一类则是针对课堂教学而开发的工具，旨在帮助教师观察并分析课堂中学生的学习行为，以改进当前的教学方式，促进学生的发展与进步。

“数据驱动型智慧课堂”：课堂优化与改良①

数据挖掘不仅为课堂教学带来了便捷之处，还能够让教师从多个角度去评判自己的教学过程。如石家庄一中在2019年引入了“数据驱动型智慧课堂”系统，实现每天数百堂课的大数据搜集和人工智能分析。这套智慧课堂系统取代了石家庄一中80%的人工听评课。教学管理者、教研人员和一线教师可以通过电脑或者手机查看课堂教学分析报告，方便快捷地获取课堂教学数据反馈，使得教研工作常态化开展得到了强有力的支持，提高了学校教研工作的效率。同时，基于海量客观教学数据的反馈，也使得学校的教研工作走向规模化和科学化。在该套系统中，教师可以获得以下数据。

课堂专注度分析

“课堂专注度分析”为教师建立学生专注度分析模型，并提供专注度数据分析结果。由图3-2可知，在该节课中，学生的专注度在36分钟左右达到了最高值，这说明在该时间点，学生较为专注。“课堂专注度分析”可以帮助教师把握课堂教学的节奏，分析何种教学方式能够有效提升学生的专注度。这支持了教师对教学方式进行反思与改进。

① 该部分案例来源于清帆科技网站[访问日期：2021-03-01]：https://www.qingfan.com/product/software/system/teaching。

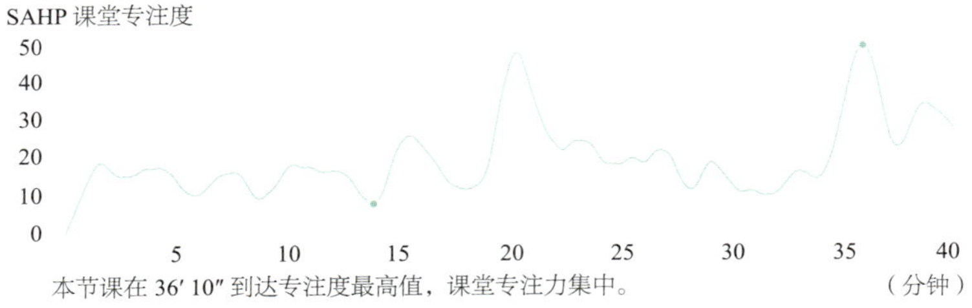

图 3-2　课堂专注度分析曲线

学生抬头人数变化

“学生抬头人数变化”用于检测每个时间段内抬头学生人数，并根据总人数计算出抬头率。这一数据的搜集用于辅助“课堂专注度分析”，以帮助教师充分了解学生听讲状态或自主练习情况。由图 3-3 可知，在 31—35 分钟时抬头学生人数最多，在 6—10 分钟这一阶段抬头学生人数最少。教师获得该数据后，能够通过课堂录像回顾在该段时间内发生的教学事件，反思并总结出适合本班学生特点与发展的教学方法。

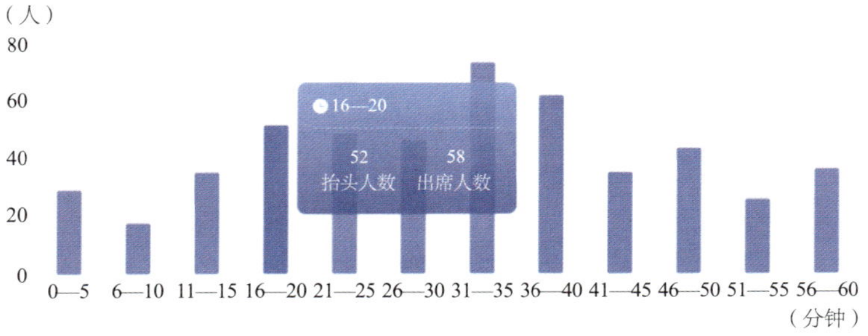

图 3-3　学生抬头人数变化

学生情感占比和情绪变化趋势

“学生情感占比和情绪变化趋势”用于统计学生正面情

绪、中性情绪、负面情绪比例，以及正面、负面情绪在时间轴上的变化，全面反映学生的课堂情绪状况。如图 3-4 所示，通过数据搜集发现该班学生在课堂中主要呈现中性情绪，而情绪变化趋势图显示，大部分情况下学生的情绪波动幅度不大。这类数据分析能够帮助教师思考课堂教学设计如何调动学生的正面情绪，并随时注意到学生的情绪变化，以调整自己的教学进度与教学方式。

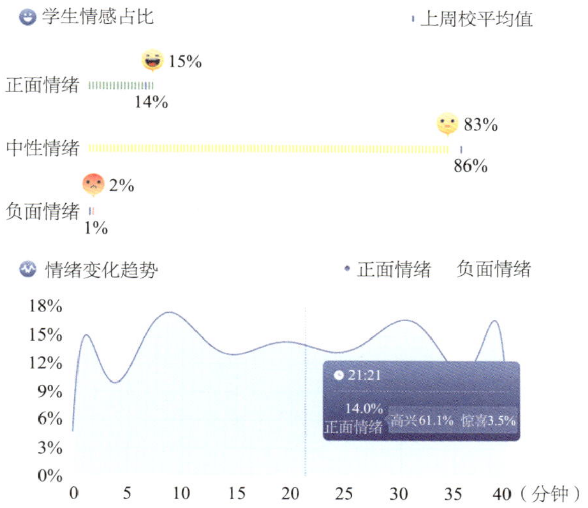

图 3-4　学生情感占比和情绪变化趋势

课堂热力图变化

“课堂热力图变化”呈现每个时间段内学生在课堂上的行为活跃程度。如图 3-5 所示，红色表示行为活跃程度高。教师可以通过该图分析不同时间段内学生的活跃程度如何，识别出课堂中哪些学生活跃程度高，哪些学生活跃程度低而需要得到更多的关注与帮助。

图 3-5　课堂热力图变化

师生发言统计明细

“师生发言统计明细”统计课堂中教师与学生的发言总时长、占比、次数及明细（见图 3-6），帮助教师了解和分析课堂互动情况，为教师优化课堂教学设计提供数据支持。

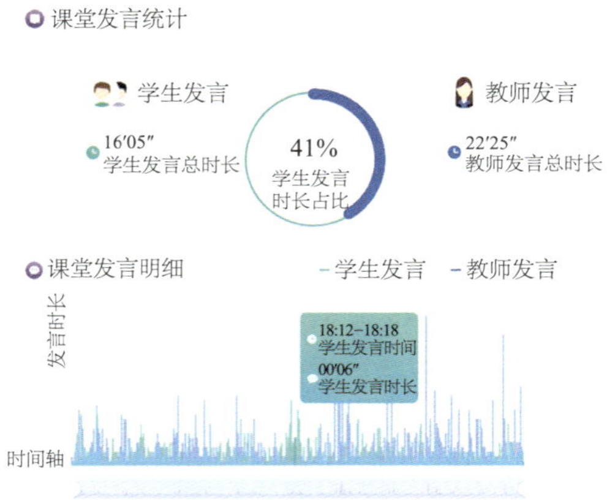

图 3-6　师生发言统计明细

课堂板书内容提取

该系统可以自动提取板书内容，使教师既能够回顾课堂教学内容，也可以以图片的形式进行交流与分享（见图 3-7）。

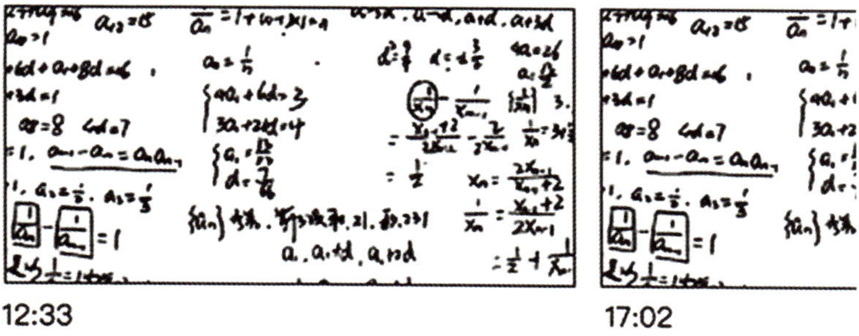

图 3-7 课堂板书内容提取

自适应学习平台：个性化学习服务

自适应学习系统 / 平台通过对教育大数据的采集、处理和分析，最终生成与学习者相匹配的、符合学习者认知发展特点与需求的个性化学习环境，并且为学习者提供个性化的学习趋势预测结果。例如，EdSurge 是一家美国教育科技公司，其网站覆盖了教育领域最新资讯，为学校、教育工作者提供与课堂相关的产品，包括课程资源包、教学评分工具等等。在其众多产品中，包含 24 种常用的自适应学习平台 / 工具，如表 3-6 所示。

表 3-6 自适应学习平台 / 工具

自适应学习工具名称	提供内容
Ck-12 Platform	为 STEM 教育提供内容，允许教师编辑和共享定制的数字教科书
Learnsmart + Smartbook	支持 1300 多门麦格劳 - 希尔公司（McGraw Hill）课程的自适应平台
ScootPad	K-5 年级学生练习数学和阅读技能的适应性平台
Aleks	K-12 年级和高等教育的数学评估和辅导系统
SuccessMaker	K-8 年级的阅读和数学软件，提供个性化的学习路径

续表

自适应学习工具名称	提供内容
LearnBop	面向 5-9 年级学生的自动化在线数学辅导和分析工具
Lexia	学前和小学基础技能阅读软件
St Math	视觉和概念数学课程，基于加利福尼亚大学欧文分校的神经科学研究，针对 pre K-12 年级的学生
Fulcrum Labs (Formerly Adapt Courseware) St Math	综合高等教育课程，包括视频、课文、互动练习和测验
i-Ready	K-8 年级数学和阅读的适应性评估和指导
Istation	视觉和概念数学课程，基于加利福尼亚大学欧文分校的神经科学研究，针对 pre K-12 年级的学生
Mastering	为理工科学生提供内容、工具和经验的高等教育工具
Think Through Math	适应性数学学习计划，提供适应性指导、激励和实时支持
CogBooks	帮助教育者为学生提供个性化学习
Dreambox	适应学习者知识水平的 K-8 年级数学游戏产品
Knowre	评估优势和劣势并提供补习内容的数学计划
Mathspace	跟踪解答数学问题并提供所有方面的反馈，包括中间步骤
MyLab	一种高等教育工具，提供 80 多门不同课程的沉浸式内容、教程和学习计划
Redbird Advanced Learning	适应性 K-12 年级数字化课程、混合学习服务和专业发展
Smart Sparrow	自适应电子学习平台，用于创建和部署丰富的交互式测验及模拟
Waggle	为 2-8 年级的数学和英语学生提供基于课程标准的教学和评估
Brightspace Leap	数字企业解决方案和学习管理系统的提供者
Fishtree	自适应学习平台，对在线课程进行策划、调整和个性化
Knewton	基于学生需求定制教育内容的适应性学习平台

资料来源：EdSurge. Decoding adaptive [M/OL]. London: Pearson, 2016. [2021-05-01]. http://d3btwko586hcvj.cloudfront.net/static_assets/PearsonDecodingAdaptiveWeb.pdf.

这些自适应学习工具 / 平台主要从“学习内容”“学习评估”以及“学习顺序”三个方面为学生的学习提供支持与帮助。

根据学习内容提供支持

这类工具搜集的是学生在学习单个课程内容时的表现，并根据学生的具体解答给出反馈和提示，为知识点的复习提供额外的材料，等等。

图 3-8 是一个典型的为学生提供个性化内容的自适应学习平台的例子。在练习解线性方程的过程中，当学生给

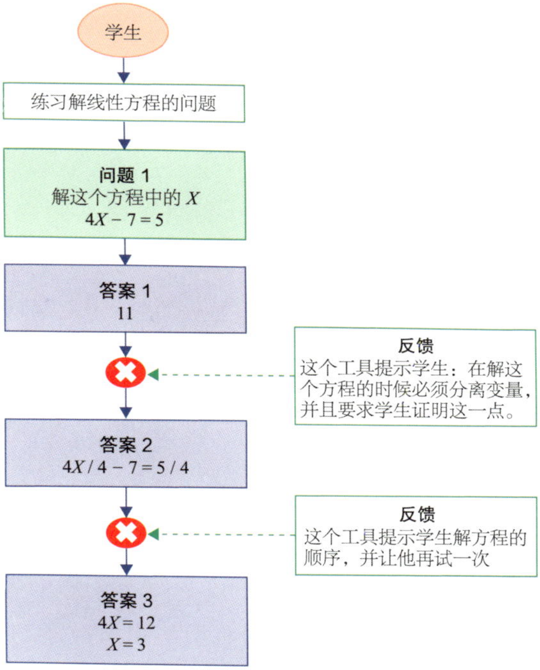

图 3-8　典型的自适应学习平台

资料来源：EdSurge. Decoding adaptive [M/OL]. London: Pearson, 2016. [2021-05-01]. http: //d3btwko586hcvj.cloudfront.net/static_assets/PearsonDecodingAdaptiveWeb.pdf.

出错误答案时，系统会提示学生应当分离出变量，并让学生写出具体的解题过程。当学生在解题过程中出现错误时，系统会根据学生的错误给出正确的提示，最终帮助学生一步一步地解出正确答案。

这种自适应学习平台的好处在于，首先，它基于学生的回答给出相应的提示，学习过程遵循了学生个体认知发展的差异性，为学生提供个性化的指导；其次，在学习的过程中，自适应学习平台能够即时为学生的每一个学习步骤提供反馈，让学生即时进行自我检测与评估，提高了学生学习的效率。

根据学习评估提供反馈：Ck-12 平台

适应性评估根据学生回答问题的正确与否而改变回应。这类工具会根据学生对前一个问题的回答来改变学生将看到的问题。当学生准确回答前一个问题时，问题的难度就会增加。如果学生回答错误，那么下一题的难度就会降低。

Ck-12 的主要产品是为中学生提供免费的数字教科书，特别是关于科学、工程和数学主题的教科书。该平台共创建了 88 本数字教科书，涵盖了大约 5000 个 STEM 内容领域。除了提供传统的文本资料之外，Ck-12 平台也为学生提供了视频、测验、模拟游戏等学习资源。

Ck-12 为学生提供了数学和科学两大学科的课程资源，是根据学生学习评估提供反馈的典型的自适应学习平台（见图 3-9）。当学生点击课程下的单元主题时，会跳出诸多子主题，此时，学生点击自己想要学习的内容，会弹出与该学习内容密切相关的 10 道题目（每次进入该平台时，跳出的题目会不同)，帮助学生检测其对该领域知识的掌握程度。以生命科学中的“植物”这一知识点为例，当学生点击该内容时，将会跳出如图 3-10 所示的界面，此时若学生正

图 3-9 Ck-12 自适应学习平台界面

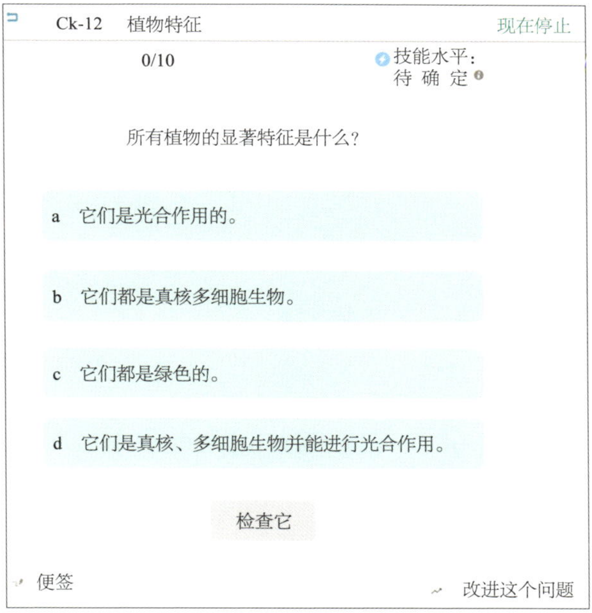

图 3-10 与“植物”相关的自测题

确回答了题目 1，则系统会给予积极反馈，并可进入下一题（见图 3-11）。若学生回答错误，那么系统将会让学生再试一次（见图 3-12），若仍然答错，则会转至一道难度更低的题目，并弹出建议学生重温知识点的对话框。这样，在 10 道自测题的检测下，学生能够大致了解自身对该学习内容掌握的程度，同时这也为教师提供了学生检测结果，帮助教师了解学生的学习情况并据此提供个性化的帮助与辅导。

图 3-10、图 3-11、图 3-12 均翻译自 Ck-12 平台“植物”知识点自测界面，读者可扫描以下二维码，体验测验过程。

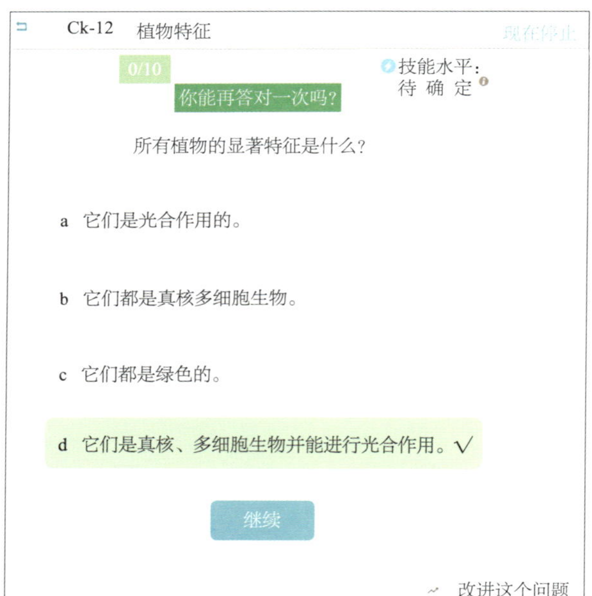

图 3-11 回答正确时系统给出的反馈

根据学习顺序提供支持

这些工具不断收集和分析学生数据，通过数据分析改变学生需要学习的技能顺序，以及需要掌握的学习内容。

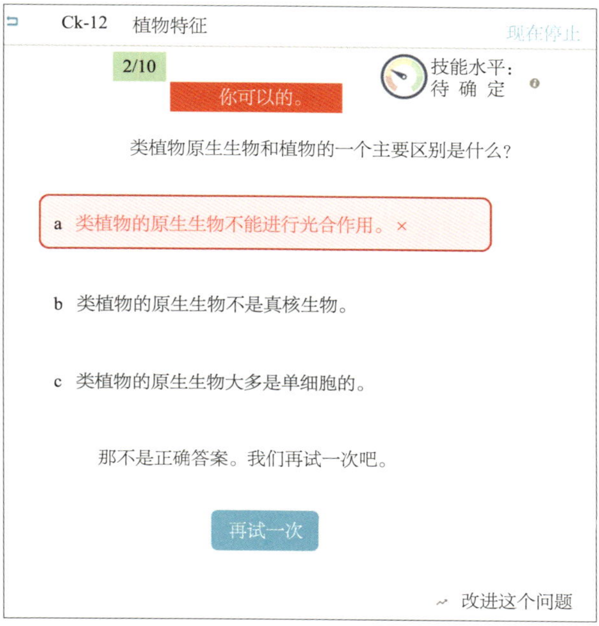

图 3-12 回答错误时系统给出的反馈

例如，DreamBox给每个学生分配一组数学内容。当学生通过回答问题、点击提示或使用虚拟操作与内容互动时，DreamBox会保存关于学生行为的信息。当学生完成作业时，该工具会分析学生的学习成绩和学习行为，根据他们的表现为他们传授一套新技能。

教育数据挖掘在学校管理领域中的应用

教育数据挖掘在学校管理领域也得到了广泛应用，学校管理人员负责评估整个学校的概况，包括对学生学习和教职工工作等的评估。为了实现学校的计划和目标，管理者需要监控并调整学校的具体实践、计划和政策。因此，他们需要对学生的学业成绩、教师的教学行为等等方面的数据进行搜集与分析。在具体的应用中，数据挖掘技术被广泛运用于智慧校园管理体系之中，包括办公自动化系统、资产管理系统、教务管理系统、科研管理系统等等，这些应用为学校的管理提供了便利。此外，教育数据挖掘技术为全程、全面监控教育运行状况和预警学校危机提供了条件。

学习管理

案例一：海星预警系统

海星预警系统（Starfish Early Alert System）以大数据、学习分析、分布式计算等为基础，对高等教育院校全校学生的学习信息进行记录与跟踪。海星预警系统可以与所在学校的相关数据系统，如学生信息系统、学习管理系统以及其他数据系统等进行连接。该系统旨在促进教师、学生、学术顾问和其他校园资源之间的交流。当出现可能威胁学生学业成功的问题时，该系统将向学术顾问和教师发出警报，然后，海星团队的成员、顾问、学校教师以及校园中的其他教育工作者将与遇到问题的学生联系，帮助并支持他们成功完成学业。

如美国纽约州立大学弗雷多尼亚分校就采用了该预警系统。教师使用该系统可以直接向学生发送有关学习成绩或出勤率不高的消息，或发送电子“荣誉证书”以表彰学习积极的学生，或直接向学生推荐其他学习资源或服务。而学生使用该系统时，可以发送求助信号；可以在“我的成功网络”中，查看所有当前指导教师、顾问和其他人员的联系方式；还可以在“您的服务”链接中访问其他校园资源库。

案例二：评估干预效果：“课程信号”系统

2007年，美国普渡大学试点了“课程信号”（Course Signals）系统（见图3-13），帮助学生和教师更好地完成学习或教学活动。与传统的以等级评价学生成绩的方式相比，该系统通过利用数据量化学生的学习过程，使得学生能够得到更多的、全方位的对自己学习状态的反馈和建议。“课程信号”系统不仅搜集了学生的过去成绩，来预测其未来表现，还与普渡大学学习管理系统进行交互分析，来衡

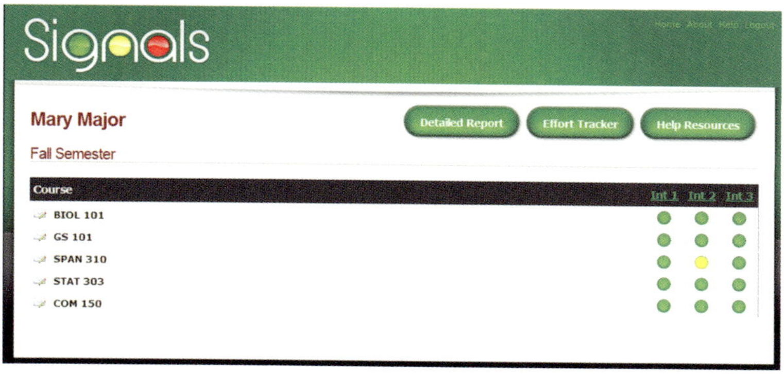

图3-13 “课程信号”系统

图片来源：https：//www.purdue.edu/uns/x/2009b/090827ArnoldSignals.html.

量学生的学业情况。教师会将系统分析的结果以邮件的形式发送给学生，使得学生了解自己的学业进展情况。

智慧校园管理系统

物联网与智能技术的发展为学校的管理进一步带来便捷，使得智慧校园管理系统成为学校管理的重要工具与基础设施。通过相关系统与工具的使用，学校管理者能够了解并追踪学校的硬件设备的使用情况以及关于教学方面的数据，利用这些数据能够改善学校 / 学区服务、减少人为错误、加强对学生的经济援助、节约学校能源和资源消耗等等。

智慧校园管理系统近些年来受到了学校的重视并得到了广泛的应用。一些学校建立了较为完整的智慧校园服务平台，如校园地图服务、人脸识别、一卡通服务等等，以推进数字化校园的建设。

案例一：人脸识别系统保障校园安全①

近些年来，校园安全问题成为社会各界关注的热点问题。智能技术为减少校园安全事故、提高中小学校园安全管理水平提供了强有力的保障。如辽宁省实验学校采用了一套智慧教育解决方案。该方案中包含人工智能技术，通过对校园、教学楼、宿舍等重点位置的前端布控，以及值

① 该段案例来源：人脸识别构建校园安全守护网 [EB/OL]. [2021-05-01]. https://ai.baidu.com/customer/liaoningshiyan.

班室、机房、管理中心的布控，打造校园安全体系。该安全体系实现的具体过程如下。

第一步：在管理平台上添加人脸库信息，录入家长、学生以及教职工等人员的姓名、头像以及编号（见图 3-14）。

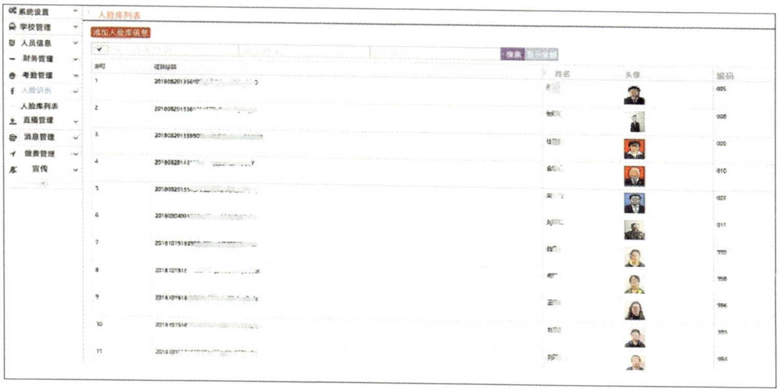

图 3-14　人脸库信息

第二步：采集人脸图片。

（1）通过比对人脸库信息，验证人员身份开门放行，同时记录人员进出时间作为考勤凭证。

（2）对陌生人员进行标注，当出现红字预警时，相关工作人员可进行拦截盘问（见图 3-15）。该系统还能支持接

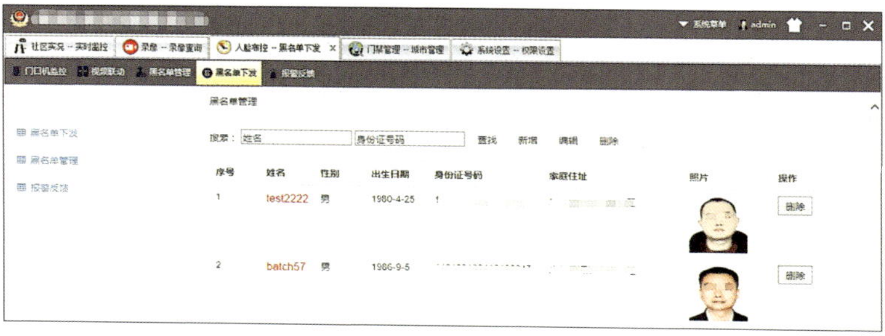

图 3-15　黑名单管理

入公安系统，可实现内置黑名单和人脸抓拍比对，并能实现远程报警（见图 3-16）。

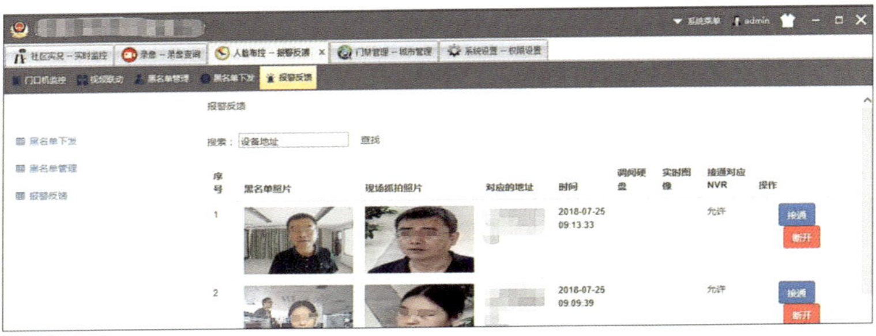

图 3-16　报警反馈

第三步：在非正常出园时间，对在校门口徘徊的学生进行预警，通知相关的老师与保安，防止学生自行离校（见图 3-17）。

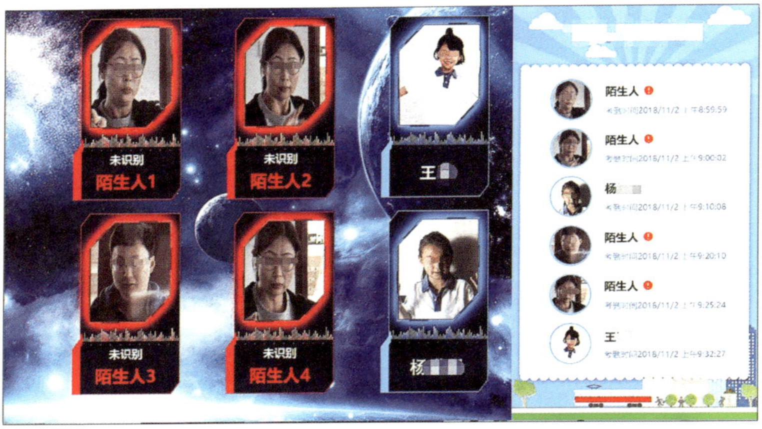

图 3-17　人脸识别比对白名单

第四步：通过后台管理系统，可直观了解学校人员的进出记录以及校外人员来访记录，便于学校安全管理（见图 3-18）。

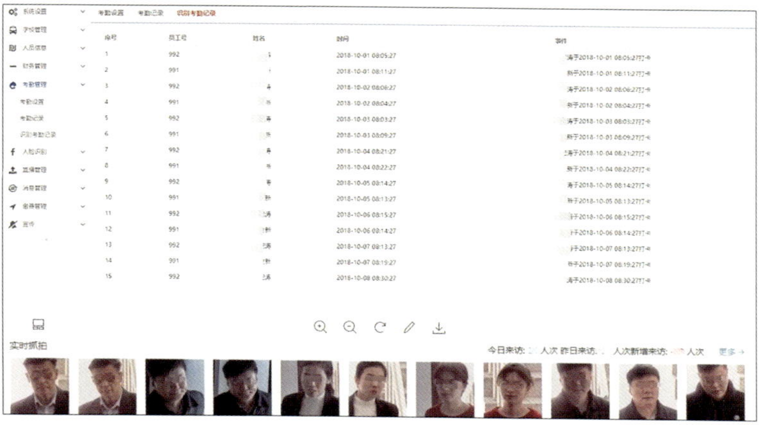

图 3-18　学校人员的进出记录以及校外人员来访记录

案例二：Mappedin 数字校园地图

Mappedin 公司是室内空间数据管理、场地数字化和构建室内地图体验的平台。该平台对所有室内空间进行数字化处理，为客户提供 3D 寻路、智能搜索、智能标签、户外地图、流动通行证、热门地点等服务。

大学校园的面积通常很大，为了方便学生、家长及教职工轻松找到学校内部地点，一些大学与 Mappedin 平台进行了合作。以下以加拿大莫霍克学院为例，具体介绍该校如何使用 Mappedin 平台进行学校管理。

莫霍克学院在安大略省汉密尔顿市有三个校区，32500 多名学生。为了让学生、教职工以及校外访问者能够轻松访问三个校区的内部地点，莫霍克学院在两个校区（芬内尔校区和斯通尼克里克校区）采用了 Mappedin 的响应性网络应用程序。这些交互式地图允许学生和游客轻松搜索和定位建筑、便利设施以及校园内的其他地点。该应用程序包括寻路功能，如智能搜索、智能标签、可访问模式和优化路径等等，这些功能为学生提供了便捷的寻路体验（见图 3-19）。此外，随着校园的不断变化和发展，该平台的地图编辑器为莫霍克学院配置了自己的内部教室管理系统。使用地图编辑器，学校管理者很容易添加教室代码和房间类型、便利设施等等，对他们的地图进行实时更新。这意味着学校能够为学生及访问者呈现最新的地图信息。

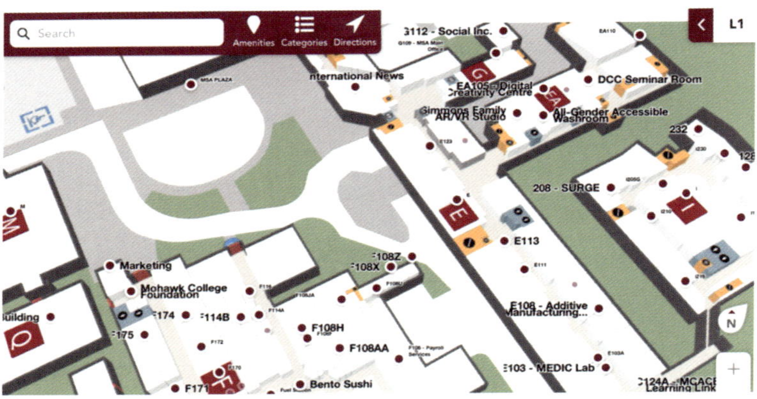

图 3-19 Mappedin 数字校园地图

图片来源：https://resources.mappedin.com/learn/mohawk-college-enhancing-the-student-experience.

智慧校园管理平台 / 系统除了能够帮助学校管理者全方位管理学校之外，还能够基于数据的追踪与联系，帮助学生改善学习条件与环境。如一项研究试图解释“在农村地区，为什么一部分学生的学习非常困难？”研究者通过追踪学生学习成绩数据、出勤率、病历和其他信息，都没有发现有意义的关联。而在出勤数据中，研究者找到了直接的联系：他们发现学习最困难的学生在上下学通勤上消耗的时间最长。导致这些学生学习成绩不理想的原因可能是他们在通勤上花费了太多时间和精力。因此，为了缩短学生在交通上花费的时间，让学生能够有充足的精力学习，学区管理者修改了交通安排，有效地缓解了这些学生的学习困难。

教育数据挖掘在教育决策领域中的应用

在大数据时代下，以数据为依据的决策已经成为教育实践的重要组成部分。传统上，教育决策由于缺少数据支持而呈现出“决策过程过于依赖经验”的特征，这也导致人们常常诟病一些教育决策缺乏科学性与可操作性，忽视了“整体发展”与“个体发展”之间的矛盾，教育决策者与教育实践者之间匮乏的“互动”导致决策与实践之间产生了难以跨越的鸿沟。信息技术的迅猛发展不仅推动了学习方式与教学方式的变革，也对教育决策产生了巨大的影响。

数据驱动的教育决策特征

在大数据的支持下，教育决策呈现出“科学化”“弹性化”“民主化”以及“动态化”等特征。

首先，教育决策更加科学化主要体现在，数据挖掘能够帮助教育决策者搜集到全面、精确且丰富的信息与资料，为决策提供相应的依据、证据以及方向。

其次，数据挖掘不仅能够为教育决策者提供教育发展的整体数据，还能够挖掘到各个层面的变化数据，如区域、学校甚至个体层面的信息。这使得教育决策既能够考虑到宏观整体的发展趋势，又能够关注各地方及不同个体之间的差异性，从而使得教育决策更具弹性。

再次，网络为教育决策者与教育实践者和大众之间架起了沟通、互动的桥梁，这也使得决策者能够倾听不同群体的诉求与声音，在决策过程中尽可能满足大众需求，促使教育决策更加民主化。

最后，数据支持的教育决策具有动态化特征。这与当今瞬息万变的科技发展密切相关。计算机科学、人工智能分析技术的发展使得信息搜集与处理方式发生了巨大的变革。信息的随时更新要求决策者能够即时、有效地捕获最新的数据，并根据数据的动态发展调整相关决策，从而满足整个社会发展的要求。

基于数据的教育决策实践案例分析

从应用的范围来看，教育数据挖掘在教育决策中的应用大致可以分为微观、中观和宏观三个层面。

其中，微观层面的数据挖掘主要发生在具体的教学情境中，它能帮助教师了解并分析学生的学习需求与学习效果，并通过数据分析改进教学方式，促进学生的学习与发展。中观层面的基于数据的教育决策主要可以帮助学校和学区审慎地制定发展计划、提供改进的途径，并通过数据的应用构建一种良性循环的校园文化（钱冬明 等，2018）。宏观层面的基于数据的教育决策可以帮助国家及地区制定重大的教育政策，为决策者提供全局的视野和海量的数据分析，帮助决策者全方位监控当下的教育质量，并在数据支持下对未来教育发展进行预测。

本节主要探讨教育数据挖掘在国家与地区的教育决策中的应用与实践。

案例一：美国加利福尼亚州教育厅数据统计系统

美国教育部一直呼吁学校使用评估数据来满足学生的学习需求。各州和各地区越来越重视建立纵向数据系统，通过数据分析学区的教育资源分布、学生学业成绩的现状与问题，从而改进整个州的教育政策，推动州的教育发展。如全州纵向数据系统（Statewide Longitudinal Data System，SLDS）是大型的数据仓库和资料库，包含广泛的州、地区的教育数据，其中主要是用于问责的数据。这些系统目前正在开发中，它们搜集了从幼儿教育到高等教育的数据，并连接到工作场所和健康机构的数据库。美国教育部认识到收集良好数据的重要性，并要求战略环境评估将SLDS作为美国复苏和再投资的四大支柱之一。美国教育科学研究院（Institute of Education Sciences，IES）为激励各州建立和使用这些数据库，提供了四轮资助。

以美国加利福尼亚州教育厅的DataQuest公共数据报告网站为例，该网站提供了有关加利福尼亚州K-12公共教育系统的数据和统计信息，并支持各种信息、研究和政策的需求（见图3-20）。它为学校、地区、县和州等不同层级的教育发展提供了全面的数据资料，包括学校表现、评估结果、入学率、毕业率/辍学率等数据资料。

图 3-20　美国加利福尼亚州教育厅 DataQuest 主页

图片来源：译自 https：//dq.cde.ca.gov/dataquest/。

例如，通过该系统可以搜集到加利福尼亚州一年内全体学生的辍学情况如何，对不同年级、种族以及地区的学生进行统计，可以形成详细而全面的数据图表（见图 3-21）。通过数据分析，教育决策者可以针对辍学人数、辍学学生特征以及辍学率的变化，改变学区、地区以及整个州的学校分布，并在数据的基础上开展相关研究，帮助教育决策者改进已有的教育政策或提出新的解决办法。

加利福尼亚州教育厅
数据报告办公厅

按种族分列的辍学率（按年级分列）

2016—2017阿拉米达县
所有学生

报告 按年级、种族分列的辍学率
年度 2016—2017
地区 选择一个地区
子群 全体学生
性别 全部

民族类别	调整后的7年级辍学	调整后的8年级辍学	调整后的9年级辍学	调整后的10年级辍学	调整后的11年级辍学	调整后的12年级辍学	调整后的未毕业中学辍学	调整后的9-12年级辍学总数	9-12年级招生总数	年度调整后的9-12年级辍学率
西班牙裔美国人或拉丁美洲人	19	10	76	97	106	435	1	715	22,805	3.1%
美洲印第安人/阿拉斯加原住民，不含西班牙裔	0	1	1	2	0	4	0	7	193	3.6%
亚洲人，不含西班牙裔	5	5	5	4	12	60	1	82	15,818	0.5%
太平洋岛民，不含西班牙裔	2	0	0	1	4	18	0	23	782	2.9%
菲律宾裔，不含西班牙裔	0	1	0	1	4	22	0	27	4,059	0.7%
非裔美国人，不含西班牙裔	17	4	15	23	34	203	1	276	7,734	3.6%
白人，不含西班牙裔	5	5	8	11	9	111	2	141	13,767	1.0%
两个或多个种族，不含西班牙裔	3	1	1	1	4	27	1	34	2,793	1.2%
没有报告	2	0	1	4	1	8	0	14	314	4.5%

图 3-21 美国加利福尼亚州阿拉米达县 2016—2017 年度各年级、种族学生的辍学情况统计

图片来源：译自 https://dq.cde.ca.gov/dataquest/DropoutReporting/DrpGradeEth.aspx?cDistrictName=State&CDSCode=00000000000000&Level=State&TheReport=GradeEth&ProgramName=All&cYear=201617&cAggSum=StTotGrade&cGender=B。

案例二：把握教育质量整体动态：中国义务教育质量监测

我国教育部基础教育质量监测中心（以下简称“监测中心”）自 2015 年起，开展了国家义务教育质量监测工作。监测中心对现阶段我国基础教育质量的六个方面进行监测：（1）学生的思想品德和公民素养；（2）学生的身体和心理健康水平；（3）学生的学业水平和学习素养；（4）学生的艺术素养；（5）学生的实践能力和创新意识；（6）影响学生发展的教育环境和社会环境。通过对该六个方面全面而系统地监测，监测中心准确地向国家报告基础教育质量的现状，为教育决策提供数据支持与建议。

2018 年 7 月，监测中心发布了《中国义务教育质量监测报告》。自 2015 年至 2017 年，监测中心在全国 31 个省

（自治区、直辖市）和新疆生产建设兵团，总共抽取了973个县（市、区）的572314名四年级、八年级学生参加监测，同时，还对19346名中小学校长、147610名学科教师及班主任教师进行了问卷调查。该监测重点关注了学生学业质量，以及课程开设、条件保障、教师配备、学科教学和学校管理等相关因素，以科学评估全国义务教育质量总体水平，客观反映义务教育质量相关因素基本状况，系统监测国家课程标准和相关政策规定执行情况，为改进学校教育教学、完善教育政策提供依据和参考。

以该报告中对教师的探究教学能力和专业素养的调查结果为例，如表3-7所示，无论是从年级上看还是从所教学生的科学成绩的水平上看，探究水平高的教师所教的学生的科学成绩更高，这说明教师探究式教学水平与学生科学成绩有密切关系。但与此同时，监测结果也显示63%的四年级科学教师、61.2%的八年级物理教师、75.5%的八年级生物教师和80.7%的八年级地理教师的探究教学处于低或较低的水平，这说明我国的科学教师开展探究教学的能力还有待提升。因此，该报告提出应当从教学评价、课程开设、教师培训等方面综合入手，提升学生创新与综合实践能力。其中具体建议指出“深化课堂教学改革”，“倡导以探究学习、讨论式教学为导向的课程组织方式和跨学科学习方式……”。这既验证了我国新课程改革政策的合理性，也为我国未来提升义务教育质量提供了更加明确的指导意见。

2020年，监测中心发布了《2019年国家义务教育质量

表 3-7　探究式教学能力不同的科学教师所教学生的科学成绩差异

	达到中等及以上水平的学生比例			达到优秀水平的学生比例		
	探究水平高的教师	探究水平低的教师	二者差值	探究水平高的教师	探究水平低的教师	二者差值
四年级科学	86.8%	77.7%	9.1 个百分点	24.2%	11.5%	12.7 个百分点
八年级物理	87.9%	62.7%	25.2 个百分点	22.8%	7.6%	15.2 个百分点
八年级生物	89.7%	82.5%	7.2 个百分点	12.7%	6.0%	6.7 个百分点
八年级地理	82.3%	78.4%	3.9 个百分点	19.6%	14.9%	4.7 个百分点

资料来源：《中国义务教育质量监测报告》第 17 页。

监测——语文学习质量监测结果报告》和《2019 年国家义务教育质量监测——艺术学习质量监测结果报告》，全方面展现了我国义务教育阶段学生语文、艺术学习质量状况。

以语文学习质量监测结果报告为例，监测中心从“语文学业表现”“语文学习态度”“阅读习惯”“语文教育教学”“学生课业负担”以及“班主任工作负担”六个方面对四年级和八年级学生的语文学习质量进行监测，具体监测指标和工具如表 3-8 所示。

表 3-8　语文学习质量监测指标与监测工具

监测指标		监测工具
语文学业表现	识字写字能力（四年级）、古诗文诵读能力、经典名著欣赏能力（八年级）、文学类文本阅读能力、实用类文本阅读能力、书面表达能力	语文测试卷
语文学习态度	语文学习兴趣、语文学习自信心、语文学习习惯	学生语文问卷
阅读习惯	课外阅读时间、课外阅读种类数量、阅读策略	学生语文问卷

续表

监测指标		监测工具
语文教育教学	语文教师教学理念、教学行为、多媒体使用	语文教师问卷
学生课业负担	学生完成学校老师布置的全部家庭作业时间	学生语文问卷
班主任工作负担	班主任每天在校时长、每天开展的工作事项及花费的时间、班主任是否具有足够的时间备课和提高专业化水平、班主任最希望减轻的工作负担	班主任问卷

资料来源：《2019年国家义务教育质量监测——语文学习质量监测结果报告》第2页。

以“阅读习惯”为例，监测指标包括“课外阅读时间、课外阅读种类数量、阅读策略”，如图3-22所示，在课外阅读时间上，71.7%的四年级学生和70.6%的八年级学生每天课外阅读时间在15分钟以上。

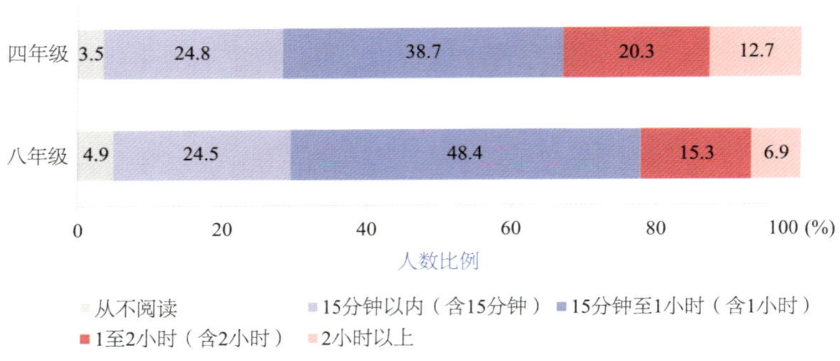

图3-22　四年级、八年级学生课外阅读时间

资料来源：《2019年国家义务教育质量监测——语文学习质量监测结果报告》第9页。

通过将阅读时间与成绩进行联系，该监测发现，课外阅读时间与学生的语文成绩有密切关联。如图3-23所示，课外阅读时间超过15分钟的学生语文成绩相对较高。

除此之外，该监测通过调查四年级、八年级学生课外

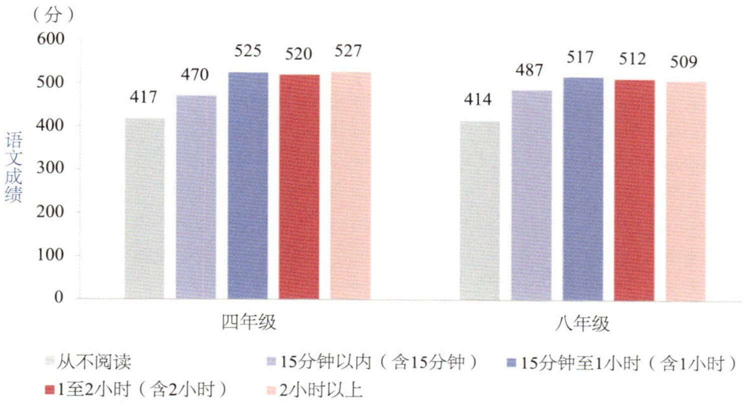

图 3-23　四年级、八年级学生语文课外阅读时间与语文成绩的关系

资料来源：《2019 年国家义务教育质量监测——语文学习质量监测结果报告》第 9 页。

阅读种类数量以及阅读策略运用情况，发现阅读种类较丰富的学生，其语文成绩相对较高（具体数据见图 3-24）；而阅读策略运用好的学生，语文成绩也相对较高（具体数据见图 3-25）。

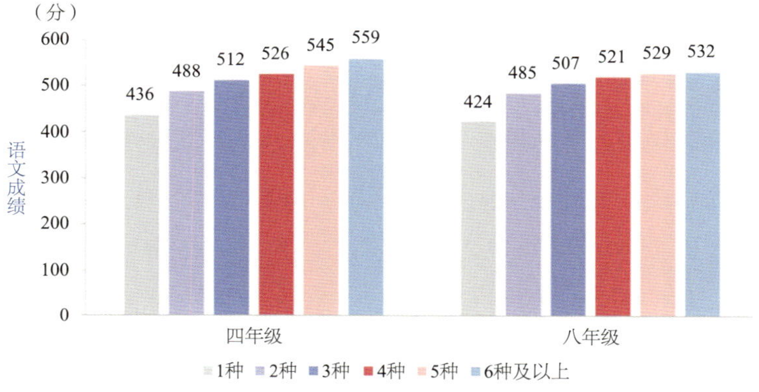

图 3-24　四年级、八年级学生课外阅读种类数量与语文成绩的关系

资料来源：《2019 年国家义务教育质量监测——语文学习质量监测结果报告》第 10 页。

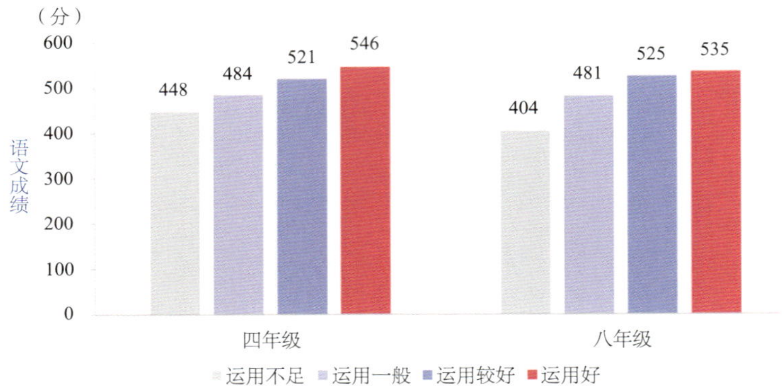

图 3-25　四年级、八年级学生阅读策略的运用与语文成绩的关系

资料来源：《2019 年国家义务教育质量监测——语文学习质量监测结果报告》第 11 页。

该监测的数据结果显示，学生语文学习质量的提升与学生的阅读时间、阅读种类丰富程度以及阅读策略的运用密切相关，因此，在具体的教学实践过程中，教师应从这三个方面入手，提升学生的语文学习质量。

本章基于对教育数据挖掘概况的介绍，结合典型的、具体的、国内外的相关案例对教育数据挖掘在“课程教学与学习领域”“学校管理领域”以及“教育决策领域”三个领域中的应用进行了详细的解读。从案例分析中可以发现，教育数据挖掘对教育实践的发展有着不可估量的作用：首先，基于大数据的搜集与分析，教育数据挖掘能够为学习者提供个性化的学习方案，从而帮助学习者达到最佳的学习效果；其次，从教学者的角度来看，教育数据挖掘为教师改进教学方式提供了科学、全面且可靠的数据资源，促进了教师专业能力的发展；最后，从学校管理者和教育决策者的角度看，大数据为学校安全与管理带来了便捷之处的同时，也有利于教育决策者基于数据追踪与分析，做出科学的决策，为学生的学习、教师的教学和学校的发展提供强有力的保障。

参考文献

36大数据，2016. 沃尔玛如何利用大数据颠覆零售业 [EB/OL]. (2016-05-11) [2021-03-01]. https://www.sohu.com/a/74792271_116235.

陈封能，等，2019. 数据挖掘导论 [M]. 段磊，张天庆，等译. 北京：机械工业出版社.

丁磊，2020. AI 思维：从数据中创造价值的炼金术 [M]. 北京：中信出版社.

黄仁宇，1997. 中国大历史 [M]. 北京：生活·读书·新知三联书店.

教育部基础教育质量监测中心，2018. 中国义务教育质量监测报告 [R].

教育部基础教育质量监测中心，2020. 2019 年国家义务教育质量监测：语文学习质量监测结果报告 [R].

克莱因，2004. 西方文化中的数学 [M]. 张祖贵，译. 上海：复旦大学出版社.

迈尔 - 舍恩伯格，库克耶，2013. 大数据时代：生活、工作与思维的大变革 [M]. 盛杨燕，周涛，译. 杭州：浙江人民出版社.

美林数据，2020. 疫情下大数据的应用与未来发展趋势 [EB/OL]. (2020-03-09) [2021-03-01]. https://baijiahao.baidu.com/s?id=1660671641948225102&wfr=spider&for=pc.

彭绍东，2010. 从面对面的协作学习、计算机支持的协作学习到混合式协作学习 [J]. 电化教育研究 (8)：42-50.

钱冬明，罗安妮，顾云峰，2018. 大数据背景下省级教育科学决策服务支持系统设计研究 [J]. 教育发展研究 (5)：68-74.

任昱衡，姜斌，李倩星，等，2018. 数据挖掘：你必须知道的 32 个经典案例 [M]. 2 版. 北京：电子工业出版社.

涂子沛，2014. 数据之巅：大数据革命，历史、现实与未来 [M]. 北京：中信出版社.

涂子沛，2015. 大数据 [M]. 3 版. 桂林：广西师范大学出版社.

王美，郑太年，裴新宁，等，2019. 重新认识学习：学习者、境脉与文化：从《人是如何学习的Ⅱ》看学习科学研究新进展 [J]. 开放教育研究 (6)：46-57.

西格尔，2014. 大数据预测 [M]. 周昕，译. 北京：中信出版社.

新华网客户端，2020. 杭州“城市大脑”创造美好生活 [EB/OL].（2020-04-13）[2021-03-01]. https://baijiahao.baidu.com/s?id=1663787691759734649&wfr=spider&for=pc.

张暖，江波，2021. 学习者知识追踪研究进展综述 [J]. 计算机科学 (4)：213-222.

庄郑悦，吴静，2021. 城市大脑：“数智杭州”的新密码 [N/OL]. 杭州日报，2021-03-23[2021-03-23]. https://hzdaily.hangzhou.com.cn/hzrb/2021/03/23/article_detail_1_20210323A011.html.

BIENKOWSKI M, FENG M, MEANS B, 2012. Enhancing teaching and learning through educational data mining and learning analytics: an issue brief[Z]. Office of Educational Technology, US Department of Education.

BRANSFORD J, BROWN A, COCKING R, 2000. How people learn: mind, brain, experience, and school[M]. Expanded ed. Washington DC: National Academy Press.

OECD, 2020. Global teaching insights: a video study of teaching[M/OL]. Paris: OECD. [2021-03-01].https://doi.org/10.1787/20d6f36b-en.

ROMERO C, VENTURA S，2020. Educational data mining and learning analytics: an updated survey[J]. Wiley Interdisciplinary Reviews: Data Mining and Knowledge Discovery (3): e1355.

后　记

21世纪的人类迎来了崭新的时代。得益于现代信息技术的迅猛发展，我们的生活和工作方式发生了翻天覆地的变化，这让我们以一种前所未有的方式和这个世界互动，和这个世界融为一体，共同前进。但是，在科技与社会发展的滚滚洪流中，教育体系发生的变化似乎非常迟缓，信息技术的教育应用主要还限于教师用技术工具呈现教学内容，而统一听课、反复操练还是最重要的学习方式，作业负担重、考试压力大、升学竞争激烈的顽疾久治不愈，在“内卷”威胁的气氛下，人们一分也不“舍得”。作为一名教育研究工作者，我对此也往往深感困惑甚至绝望。无论从教育发展的时代目标还是可能路径看，现代信息技术都是应重点考虑的因素：技术变革引发的社会变革对于人的发展提出新的要求，教育目标理当因时而变；技术进步为学习方式变革提供了新的可能，教育教学方式本可顺势而为。但是事实并非如此。

2020年新冠肺炎疫情席卷全球，年初开始，社会按下了暂停键。我们华东师范大学的一批有志于开拓人工智能与智能教育领域的领导和学者，却步伐不停，自4月份开始组织起每周一到两次的研讨会，并在这一领域推进研究、开发和人才培养行动。本丛书的编写就是行动之一。我有幸参与其中，不断学习，努力进步。当启动丛书编写时，我本有犹豫——毕竟是个新的领域，对于我这个新手而言挑战更多。但我还是不愿言退，接下了《数据挖掘与教育》一书的撰写任务。于是我购书、借书，在书房里、办公室里堆起了一摞摞数据挖掘和智能教育的图书资料，却是越读越觉内容繁杂，难以落笔，几欲放弃，悔恨自己只想着“吾生也有涯，而知也无涯”，却忘了还有后半句“以有涯随无涯，殆矣！”我老乡庄子的话，咋就没好好听呢？

我也由“殆”而怠，一拖再拖，久未开（键）盘，动笔之后也是锱铢累积，写写停停。幸有黄璐博士、胡华同学出手相助，我们随即抱着“大道至简”的态度，重新粗线条厘定内容，勾勒框架，分头写就。在确定整体内容框架之后，我撰写了第一章，黄璐博士撰写了第二章，胡华同学撰写了第三章，而后我再行统校调整，终于在拖延甚久之后完稿。我衷心感谢二位合作者在百忙之中参与此书的撰写工作，感谢本书责任编辑翁绮睿的耐心等待和辛苦工作。希望“事缓则圆”，希望本书有助于推动数据挖掘在教育领域更广阔的应用，推进教育系统的变革与进步。

郑太年
2021 年初夏，丽娃河畔